Jenseits von Gut und Böse

Beyond Good and Evil

Volume I / II

German – English

by Friedrich Nietzsche

Translated by Möwenstein

ISBN: 979-8-89513-151-0

Original text: *Beyond Good and Evil* (1886) by Friedrich
Nietzsche (1844-1900)

This bilingual edition—including translation, editorial revisions, formatting, and supplementary content—is produced and edited by Mowenstein Books LLC, with the original text faithfully reproduced from public-domain sources.

While every effort has been made to ensure accuracy, minor discrepancies may occur. Readers are encouraged to consult the original text for reference.

Cover Art: Inspired by *Hustling Sunlight* by Matthew Bakkom (www.hustlingsunlight.xyz)

Möwenstein Books™ is a trademark of and imprint published by Mowenstein Books LLC.

For permissions or inquiries:

Website: mowenstein.com
Email: copyright@mowenstein.com

Mowenstein Books LLC
DE, USA

Contents

Vorrede.

Preface.

1.1 Vorausgesetzt, dass die Wahrheit ein Weib ist – , wie?

Assuming that truth is a woman – , how?

1.2 ist der Verdacht nicht gegründet, dass alle Philosophen, sofern sie Dogmatiker waren, sich schlecht auf Weiber verstanden?

is it not reasonable to suspect that all philosophers, insofar as they were dogmatists, had a bad understanding of women?

1.3 dass der schauerliche Ernst, die linkische Zudringlichkeit, mit der sie bisher auf die Wahrheit zuzugehen pflegten, ungeschickte und unschickliche Mittel waren, um gerade ein Frauenzimmer für sich einzunehmen?

that the gruesome seriousness, the awkward intrusiveness with which they used to approach the truth were clumsy and unseemly means of winning over a woman?

1.4 Gewiss ist, dass sie sich nicht hat einnehmen lassen:

What is certain is that she has not allowed herself to be won over:

– und jede Art Dogmatik steht heute mit betrübter und muthloser Haltung da.

1.5

– and every kind of dogmatism stands there today with a saddened and despondent attitude.

Wenn sie überhaupt noch steht!

1.6

If it still stands at all!

Denn es giebt Spötter, welche behaupten, sie sei gefallen, alle Dogmatik liege zu Boden, mehr noch, alle Dogmatik liege in den letzten Zügen.

1.7

For there are scoffers who claim that it has fallen, that all dogmatism has fallen to the ground, and even more, that all dogmatism is on its last legs.

Ernstlich geredet, es giebt gute Gründe zu der Hoffnung, dass alles Dogmatisiren in der Philosophie, so feierlich, so end - und letztgültig es sich auch gebärdet hat, doch nur eine edle Kinderei und Anfängerei gewesen sein möge;

1.8

Seriously speaking, there are good reasons to hope that all dogmatism in philosophy, however solemn, however final and ultimate it may have been, was only a noble childishness and beginner's trick;

und die Zeit ist vielleicht sehr nahe, wo man wieder und wieder begreifen wird, was eigentlich schon ausgereicht hat, um den Grundstein zu solchen erhabenen und unbedingten Philosophen-Bauwerken abzugeben, welche die Dogmatiker bisher aufbauten, – irgend ein Volks-Aberglaube aus unvordenklicher Zeit (wie der Seelen-Aberglaube, der als Subjekt -

1.9

and the time is perhaps very near when one will realize again and again what has actually already sufficed to lay the foundation-stone for such sublime and unconditional philosophical edifices as the dogmatists have built up hitherto, -

1.10 und Ich-Aberglaube auch heute noch nicht aufgehört
hat, Unfug zu stiften), irgend ein Wortspiel vielleicht,
eine Verführung von Seiten der Grammatik her
oder eine verwegene Verallgemeinerung von
sehr engen, sehr persönlichen, sehr menschlich-
allzumenschlichen Thatsachen.

some popular superstition from time immemorial (like
the superstition of the soul, which, as a subject and ego
superstition, has not ceased to cause mischief even today),
some play on words perhaps, a seduction on the part of
grammar or a bold generalization of very narrow, very
personal, very human-all-too-human facts.

1.11 Die Philosophie der Dogmatiker war hoffentlich nur
ein Versprechen über Jahrtausende hinweg:

The philosophy of the dogmatists was hopefully only a
promise for thousands of years:

1.12 wie es in noch früherer Zeit die Astrologie war,
für deren Dienst vielleicht mehr Arbeit, Geld,
Scharfsinn, Geduld aufgewendet worden ist, als
bisher für irgend eine wirkliche Wissenschaft:

as astrology was in even earlier times, for whose service
perhaps more work, money, ingenuity and patience has
been expended than for any real science up to now:

1.13 – man verdankt ihr und ihren »überirdischen«

– one owes to it and its "supernatural"

1.14 Ansprüchen in Asien und Ägypten den grossen Stil
der Baukunst.

claims in Asia and Egypt the great style of architecture.

Es scheint, dass alle grossen Dinge, um der
Menschheit sich mit ewigen Forderungen in das
Herz einzuschreiben, erst als ungeheure und
furchteinflössende Fratzen über die Erde hinwandeln
müssen:

1.15

It seems that all great things, in order to inscribe
themselves on the hearts of mankind with eternal
demands, must first walk the earth as monstrous and
terrifying grimaces:

eine solche Fratze war die dogmatische Philosophie,
zum Beispiel die Vedanta-Lehre in Asien, der
Platonismus in Europa.

1.16

one such grimace was dogmatic philosophy, for example
the Vedanta doctrine in Asia, Platonism in Europe.

Seien wir nicht undankbar gegen sie, so gewiss es
auch zugestanden werden muss, dass der schlimmste,
langwierigste und gefährlichste aller Irrthümer
bisher ein Dogmatiker-Irrthum gewesen ist, nämlich
Plato's Erfindung vom reinen Geiste und vom Guten
an sich.

1.17

Let us not be ungrateful towards them, even though it
must be conceded that the worst, most protracted and most
dangerous of all errors has hitherto been a dogmatic error,
namely Plato's invention of the pure spirit and of the good
in itself.

1.18 Aber nunmehr, wo er überwunden ist, wo Europa von diesem Alpdrucke aufathmet und zum Mindesten eines gesunderen – Schlafs geniessen darf, sind wir, deren Aufgabe das Wachsein selbst ist, die Erben von all der Kraft, welche der Kampf gegen diesen Irrthum grossgezüchtet hat.

But now that it has been overcome, now that Europe is breathing a sigh of relief from this nightmare and can at least enjoy a healthier sleep, we, whose task is to be awake ourselves, are the heirs of all the strength that the fight against this error has bred.

1.19 Es hiess allerdings die Wahrheit auf den Kopf stellen und das Perspektivische, die Grundbedingung alles Lebens, selber verleugnen, so vom Geiste und vom Guten zu reden, wie Plato gethan hat;

To speak of the spirit and the good, as Plato did, was to turn the truth upside down and to deny the perspective, the basic condition of all life;

1.20 ja man darf, als Arzt, fragen:

indeed, as a doctor, one may ask:

1.21 »woher eine solche Krankheit am schönsten Gewächse des Alterthums,

"Why such a disease in the most beautiful plant of antiquity,

1.22 an Plato? hat ihn doch der böse Sokrates verdorben?

in Plato? did the evil Socrates corrupt him?

1.23 wäre Sokrates doch der Verderber der Jugend gewesen?

would Socrates have been the corrupter of youth?

1.24 und hätte seinen Schlierling verdient?«

and would he have deserved his death?"

– Aber der Kampf gegen Plato, oder, um es verständlicher und für's »Volk« zu sagen, der Kampf gegen den christlich-kirchlichen Druck von Jahrtausenden –

1.25

– But the struggle against Plato, or, to put it more comprehensibly and for the "people", the struggle against the Christian-ecclesiastical pressure of millennia –

denn Christenthum ist Platonismus für's »Volk«

1.26

for Christianity is Platonism for the "people"

– hat in Europa eine prachtvolle Spannung des Geistes geschaffen,

1.27

– has created a splendid tension of the spirit in Europe,

wie sie auf Erden noch nicht da war:

1.28

the like of which has not yet been seen on earth:

mit einem so gespannten Bogen kann man nunmehr nach den fernsten Zielen schiessen.

1.29

with such a taut bow one can now shoot at the most distant targets.

Freilich,

1.30

Admittedly,

der europäische Mensch empfindet diese Spannung als Nothstand;

1.31

the European man perceives this tension as a state of distress;

1.32 **und es ist schon zwei Mal im grossen Stile versucht worden, den Bogen abzuspannen, einmal durch den Jesuitismus, zum zweiten Mal durch die demokratische Aufklärung:**

and there have already been two attempts on a grand scale to tighten the bow, once by Jesuitism, the second time by the democratic Enlightenment:

1.33 **– als welche mit Hülfe der Pressfreiheit und des Zeitunglesens es in der That erreichen dürfte, dass der Geist sich selbst nicht mehr so leicht als »Noth« empfindet!"**

– as which, with the help of freedom of the press and newspaper reading, should indeed achieve that the spirit no longer so easily perceives itself as "distress!"

1.34 **(Die Deutschen haben das Pulver erfunden – alle Achtung!**

(The Germans invented gunpowder – all respect!

1.35 **aber sie haben es wieder quitt gemacht –**

but they made it even again –

1.36 **sie erfanden die Presse.)**

they invented the press.)

1.37 **Aber wir, die wir weder Jesuiten, noch Demokraten, noch selbst Deutsche genug sind, wir guten Europäer und freien, sehr freien Geister –**

But we, who are neither Jesuits, nor democrats, nor even Germans enough, we good Europeans and free, very free spirits –

1.38 **wir haben sie noch,**

we still have it,

die ganze Noth des Geistes und die ganze Spannung
seines Bogens!

1.39

all the distress of the spirit and all the tension of its bow!

Und vielleicht auch den Pfeil, die Aufgabe, wer weiss?

1.40

And perhaps also the arrow, the task, who knows?

das Ziel ...

1.41

the goal ...

Sils-Maria,

Sils-Maria,

Oberengadin im Juni 1885.

Upper Engadine in June
1885.

Erstes Hauptstück: Von den Vorurtheilen der Philosophen.

First Main Section: On the Prejudices of Philosophers.

— 1 —

2.1 **Der Wille zur Wahrheit, der uns noch zu manchem Wagnisse verführen wird, jene berühmte Wahrhaftigkeit, von der alle Philosophen bisher mit Ehrerbietung geredet haben:**

The will to truth, which will still tempt us to many a venture, that famous truthfulness of which all philosophers have so far spoken with reverence:

2.2 **was für Fragen hat dieser Wille zur Wahrheit uns schon vorgelegt!**

what questions has this will to truth already put before us!

2.3 **Welche wunderlichen schlimmen fragwürdigen Fragen!**

What strange, terrible, questionable questions!

Das ist bereits eine lange Geschichte, – 2.4

This is already a long story –

und doch scheint es, dass sie kaum eben angefangen 2.5
hat?

and yet it seems that it has barely just begun?

Was Wunder, wenn wir endlich einmal misstrauisch 2.6
werden, die Geduld verlieren, uns ungeduldig
umdrehn?

What wonder if we finally become suspicious, lose patience,
turn around impatiently?

Dass wir von dieser Sphinx auch unserseits das 2.7
Fragen lernen?

That we learn to ask questions from this sphinx?

Wer ist das eigentlich, der uns hier Fragen stellt? 2.8

Who is actually asking us questions here?

Was in uns will eigentlich »zur Wahrheit«? 2.9

What in us actually wants "the truth"?

– In der that, wir machten langen Halt vor der Frage 2.10
nach der Ursache dieses Willens, –

– In fact, we paused for a long time before the question of
the cause of this will –

bis wir, zuletzt, vor einer noch gründlicheren Frage 2.11
ganz und gar stehen blieben.

until we finally came to a complete standstill before an even
more fundamental question.

Wir fragten nach dem Werthe dieses Willens. 2.12

We asked about the value of this will.

2.13 **Gesetzt, wir wollen Wahrheit: warum nicht lieber Unwahrheit?**

Suppose we want truth: why not rather untruth?

2.14 **Und Ungewissheit? Selbst Unwissenheit?**

And uncertainty? Even ignorance?

2.15 **– Das Problem vom Werthe der Wahrheit trat vor uns hin,**

– The problem of the value of truth came before us,

2.16 **– oder waren wir's, die vor das Problem hin traten?**

– or was it we who came before the problem?

2.17 **Wer von uns ist hier Oedipus? Wer Sphinx?**

Which of us is Oedipus here? Who is Sphinx?

2.18 **Es ist ein Stelldichein, wie es scheint, von Fragen und Fragezeichen.**

It is a rendezvous, it seems, of questions and question marks.

2.19 **– Und sollte man's glauben, dass es uns schliesslich bedünken will, als sei das Problem noch nie bisher gestellt, –**

– And should we believe that, in the end, it seems to us as if the problem has never been posed before –

2.20 **als sei es von uns zum ersten Male gesehn, in's Auge gefasst, gewagt?**

as if it were the first time we had seen it, envisaged it, dared it?

2.21 **Denn es ist ein Wagnis dabei,**

For it is a risk,

und vielleicht giebt es kein grösseres.   2.22
and perhaps there is none greater.

— 2 —

»Wie könnte Etwas aus seinem Gegensatz entstehn?   4.1
"How could something arise from its opposite?

Zum Beispiel die Wahrheit aus dem Irrthume?   4.2
For example, truth from error?

Oder der Wille zur Wahrheit aus dem Willen zur   4.3
Täuschung?
Or the will to truth from the will to deception?

Oder die selbstlose Handlung aus dem Eigennutze?   4.4
Or the selfless act from self-interest?

Oder das reine sonnenhafte Schauen des Weisen aus   4.5
der Begehrlichkeit?
Or the pure sunlike vision of the wise from covetousness?

Solcherlei Entstehung ist unmöglich;   4.6
Such an origin is impossible;

wer davon träumt, ein Narr, ja Schlimmeres;   4.7
whoever dreams of it is a fool, indeed worse;

die Dinge höchsten Werthes müssen einen anderen,   4.8
eigenen Ursprung haben, –
the things of highest value must have another origin of
their own –

4.9 aus dieser vergänglichen verführerischen täuschenden geringen Welt, aus diesem Wirrsal von Wahn und Begierde sind sie unableitbar!

from this transient, seductive, deceptive little world, from this confusion of delusion and desire, they are impossible!

4.10 Vielmehr im Schoosse des Sein's, im Unvergänglichen, im verborgenen Gotte, im

Rather, their reason must lie in the Schoosse of Being, in the imperishable, in the hidden God, in the

4.11 »Ding an sich«

"thing in itself"

4.12 – da muss ihr Grund liegen, und sonst nirgendswo!«

– and nowhere else!"

4.13 – Diese Art zu urtheilen macht das typische Vorurtheil aus, an dem sich die Metaphysiker aller Zeiten wieder erkennen lassen;

– This way of judging constitutes the typical prejudice by which the metaphysicians of all times can be recognized;

4.14 diese Art von Werthschätzungen steht im Hintergrunde aller ihrer logischen Prozeduren;

this kind of value estimation stands at the background of all their logical procedures;

4.15 aus diesem ihrem »Glauben« heraus bemühn sie sich um ihr

out of this "faith" they strive for their

4.16 »Wissen«, um Etwas, das feierlich am Ende als

"knowledge", for something that is solemnly baptized as

4.17 »die Wahrheit« getauft wird.

"the truth" in the end.

Der Grundglaube der Metaphysiker ist der Glaube an die Gegensätze der Werthe.
4.18
The basic belief of metaphysicians is the belief in the opposites of values.

Es ist auch den Vorsichtigsten unter ihnen nicht eingefallen, hier an der Schwelle bereits zu zweifeln, wo es doch am nöthigsten war:
4.19
It did not occur to even the most cautious among them to doubt here on the threshold, when it was most necessary:

selbst wenn sie sich gelobt hatten »de omnibus dubitandum«.
4.20
even if they had vowed "de omnibus dubitandum".

Man darf nämlich zweifeln, erstens,
4.21
For one may doubt, firstly,

ob es Gegensätze überhaupt giebt, und zweitens,
4.22
whether opposites exist at all, and secondly,

ob jene volksthümlichen Werthschätzungen und Werth-Gegensätze,
4.23
whether those popular estimates of value and opposites of value,

auf welche die Metaphysiker ihr Siegel gedrückt haben,
4.24
on which the metaphysicians have set their seal,

nicht vielleicht nur Vordergrunds-Schätzungen sind,
4.25
are not perhaps only foreground estimates,

nur vorläufige Perspektiven,
4.26
only provisional perspectives,

4.27 **vielleicht noch dazu aus einem Winkel heraus,**

perhaps even from an angle,

4.28 **vielleicht von Unten hinauf, Frosch-Perspektiven gleichsam,**

perhaps from below, frog perspectives,

4.29 **um einen Ausdruck zu borgen, der den Malern geläufig ist?**

as it were, to borrow an expression familiar to painters?

4.30 **Bei allem Werthe, der dem Wahren, dem Wahrhaftigen, dem Selbstlosen zukommen mag:**

For all the value that may be attached to the true, the truthful, the selfless:

4.31 **es wäre möglich, dass dem Scheine, dem Willen zur Täuschung, dem Eigennutz und der Begierde ein für alles Leben höherer und grundsätzlicherer Werth zugeschrieben werden müsste.**

it is possible that a higher and more fundamental value for all life should be ascribed to appearances, the will to deceive, self-interest and desire.

4.32 **Es wäre sogar noch möglich, dass was den Werth jener guten und verehrten Dinge ausmacht, gerade darin bestünde, mit jenen schlimmen, scheinbar entgegengesetzten Dingen auf verfängliche Weise verwandt, verknüpft, verhäkelt, vielleicht gar wesensgleich zu sein.**

It would even be possible that what constitutes the value of those good and revered things would consist precisely in their being related, connected, intertwined, perhaps even identical in essence with those bad, seemingly opposite things.

4.33 **Vielleicht!**

Perhaps!

– Aber wer ist Willens, sich um solche gefährliche Vielleichts zu kümmern! 4.34

– But who is willing to worry about such dangerous maybes!

Man muss dazu schon die Ankunft einer neuen Gattung von Philosophen abwarten, solcher, die irgend welchen anderen umgekehrten Geschmack und Hang haben als die bisherigen, – 4.35

One must await the arrival of a new breed of philosophers, those who have some other inverted taste and inclination than the previous ones –

Philosophen des gefährlichen Vielleicht in jedem Verstande. 4.36

philosophers of the dangerous maybe in every sense.

– Und allen Ernstes gesprochen: 4.37

– And in all seriousness:

ich sehe solche neue Philosophen heraufkommen. 4.38

I see such new philosophers coming up.

— 3 —

Nachdem ich lange genug den Philosophen zwischen die Zeilen und auf die Finger gesehn habe, 6.1

Having looked long enough between the lines and at the fingers of philosophers,

sage ich mir: 6.2

I say to myself:

16

6.3 man muss noch den grössten Theil des bewussten Denkens unter die Instinkt-Thätigkeiten rechnen,
one must still reckon the greater part of conscious thought among the instinctive activities,

6.4 und sogar im Falle des philosophischen Denkens;
and even in the case of philosophical thought;

6.5 man muss hier umlernen, wie man in Betreff der Vererbung und des »Angeborenen« umgelernt hat.
one must relearn here as one has relearned in regard to heredity and the "innate".

6.6 So wenig der Akt der Geburt in dem ganzen Vor - und Fortgange der Vererbung in Betracht kommt:
As little as the act of birth comes into consideration in the whole process of heredity:

6.7 ebenso wenig ist »Bewusstsein«
just as little is "consciousness"

6.8 in irgend einem entscheidenden Sinne dem Instinktiven entgegengesetzt, – das meiste bewusste Denken eines Philosophen ist durch seine Instinkte heimlich geführt und in bestimmte Bahnen gezwungen.
in any decisive sense opposed to the instinctive – most of the conscious thinking of a philosopher is secretly guided by his instincts and forced into certain paths.

Auch hinter aller Logik und ihrer anscheinenden 6.9
Selbstherrlichkeit der Bewegung stehen
Werthschätzungen, deutlicher gesprochen,
physiologische Forderungen zur Erhaltung einer
bestimmten Art von Leben.
Behind all logic and its apparent self-importance of
movement, there are also value estimates, more clearly
speaking, physiological demands for the preservation of a
certain kind of life.

Zum Beispiel, dass das Bestimmte mehr werth sei als 6.10
das Unbestimmte, der Schein weniger werth als die
For example, that the definite is worth more than the
indefinite, that appearance is worth less than the

»Wahrheit«: 6.11
"truth":

dergleichen Schätzungen könnten, bei aller 6.12
ihrer regulativen Wichtigkeit für uns, doch nur
Vordergrunds-Schätzungen sein, eine bestimmte
Art von niaiserie, wie sie gerade zur Erhaltung von
Wesen, wie wir sind, noth thun mag.
such estimates, for all their regulative importance for
us, could only be foreground estimates, a certain kind
of niaiserie, as may be necessary for the preservation of
beings such as we are.

Gesetzt nämlich, dass nicht gerade der Mensch das 6.13
Assuming, that man is not the

»Maass der Dinge« ist ... 6.14
"measure of things" that is ...

— 4 —

8.1 Die Falschheit eines Urtheils ist uns noch kein
Einwand gegen ein Urtheil;
The falsity of a judgment is not yet an objection to a
judgment;

8.2 darin klingt unsre neue Sprache vielleicht am
fremdesten.
this is perhaps where our new language sounds most
foreign to us.

8.3 Die Frage ist, wie weit es lebenfördernd,
lebenerhaltend, Arterhaltend, vielleicht gar Art-
züchtend ist;
The question is how far it is life-promoting, life-preserving,
species-preserving, perhaps even species-breeding;

8.4 und wir sind grundsätzlich geneigt zu behaupten,
dass die falschesten Urtheile (zu denen die
synthetischen Urtheile a priori gehören) uns die
unentbehrlichsten sind, dass ohne ein Geltenlassen
der logischen Fiktionen, ohne ein Messen der
Wirklichkeit an der rein erfundenen Welt des
Unbedingten, Sich-selbst-Gleichen, ohne eine
beständige Fälschung der Welt durch die Zahl der
Mensch nicht leben könnte, –
and we are basically inclined to maintain that the
most false judgments (to which the synthetic a priori
judgments belong) are the most indispensable to us,
that without allowing logical fictions to prevail, without
measuring reality against the purely invented world of the
unconditional, self-same, without a constant falsification
of the world by number, man could not live, –

dass Verzichtleisten auf falsche Urtheile ein
Verzichtleisten auf Leben,

8.5

that to renounce false judgments would be to renounce life,

eine Verneinung des Lebens wäre.

8.6

a negation of life.

Die Unwahrheit als Lebensbedingung zugestehn:

8.7

To concede untruth as a condition of life:

das heisst freilich auf eine gefährliche Weise den
gewohnten Werthgefühlen Widerstand leisten;

8.8

that, of course, is to resist in a dangerous way the
customary feelings of value;

und eine Philosophie, die das wagt, stellt sich damit
allein schon jenseits von Gut und Böse.

8.9

and a philosophy that dares to do so places itself beyond
good and evil.

— 5 —

Was dazu reizt, auf alle Philosophen halb
misstrauisch, halb spöttisch zu blicken, ist nicht,
dass man wieder und wieder dahinter kommt, wie
unschuldig sie sind –

10.1

What makes one look half suspiciously, half mockingly at
all philosophers is not that one finds out again and again
how innocent they are –

wie oft und wie leicht sie sich vergreifen und
verirren,

10.2

how often and how easily they make mistakes and go
astray,

10.3 **kurz ihre Kinderei und Kindlichkeit –**
in short their childishness and childishness –

10.4 **sondern dass es bei ihnen nicht redlich genug zugeht:**
but that they are not honest enough:

10.5 **während sie allesammt einen grossen und tugendhaften Lärm machen, sobald das Problem der Wahrhaftigkeit auch nur von ferne angerührt wird.**
while they all make a great and virtuous noise as soon as the problem of truthfulness is even remotely touched upon.

10.6 **Sie stellen sich sämmtlich, als ob sie ihre eigentlichen Meinungen durch die Selbstentwicklung einer kalten, reinen, göttlich unbekümmerten Dialektik entdeckt und erreicht hätten (zum Unterschiede von den Mystikern jeden Rangs, die ehrlicher als sie und tölpelhafter sind –**
They all pretend as if they had discovered and arrived at their real opinions by the self-development of a cold, pure, divinely unconcerned dialectic (in distinction from the mystics of every rank, who are more honest than they and more foolish –

10.7 **diese reden von »Inspiration« –) :**
these talk of "inspiration" –) :

10.8 **während im Grunde ein vorweggenommener Satz, ein Einfall, eine**
while at bottom an anticipated proposition, an idea, an

10.9 **»Eingebung«, zumeist ein abstrakt gemachter und durchgesiebter Herzenswunsch von ihnen mit hinterher gesuchten Gründen vertheidigt wird:**
"inspiration", mostly an abstractly made and sifted desire of the heart, is defended by them with reasons sought afterwards:

– sie sind allesammt Advokaten, welche es nicht
heissen wollen, und zwar zumeist sogar verschmitzte
Fürsprecher ihrer Vorurtheile, die sie Wahrheiten«
taufen –

10.10

– they are all advocates who do not want to be called so,
and for the most part even mischievous advocates of their
prejudices, which they baptize "truths" –

und sehr ferne von der Tapferkeit des Gewissens, das
sich dies, eben dies eingesteht, sehr ferne von dem
guten Geschmack der Tapferkeit, welche dies auch zu
verstehen giebt, sei es um einen Feind oder Freund zu
warnen, sei es aus Uebermuth und um ihrer selbst zu
spotten.

10.11

and very far from the bravery of conscience, which admits
this, this very thing, very far from the good taste of
bravery, which also gives this to be understood, be it to
warn an enemy or friend, be it out of arrogance and to mock
themselves.

Die ebenso steife als sittsame Tartüfferie des
alten Kant, mit der er uns auf die dialektischen
Schleichwege lockt, welche zu seinem
»kategorischen Imperativ« führen, richtiger
verführen –

10.12

Old Kant's tartufery, as stiff as it is demure, with which he
lures us onto the dialectical slippery paths that lead to his
"categorical imperative", or rather seduces us –

dies Schauspiel macht uns Verwöhnte lächeln, die
wir keine kleine Belustigung darin finden, den feinen
Tücken alter Moralisten und Moralprediger auf die
Finger zu sehn.

10.13

this spectacle makes us spoiled people smile, who find no
small amusement in looking at the subtle pitfalls of old
moralists and moral preachers.

22

10.14 Oder gar jener Hocuspocus von mathematischer Form, mit der Spinoza seine Philosophie –

Or even that hocus-pocus of mathematical form with which Spinoza armored and masked his philosophy –

10.15 »die Liebe zu seiner Weisheit« zuletzt,

"the love of his wisdom" at last,

10.16 das Wort richtig und billig ausgelegt –

the word correctly and fairly interpreted –

10.17 wie in Erz panzerte und maskirte, um damit von vornherein den Muth des Angreifenden einzuschüchtern, der auf diese unüberwindliche Jungfrau und Pallas Athene den Blick zu werfen wagen würde:

as if in ore, in order to intimidate from the outset the courage of the attacker who would dare to cast a glance at this unconquerable virgin and Pallas Athena:

10.18 – wie viel eigne Schüchternheit und Angreifbarkeit verräth diese Maskerade eines einsiedlerischen Kranken!

– how much of his own shyness and vulnerability this masquerade of a reclusive sick man betrays!

— 6 —

12.1 Allmählich hat sich mir herausgestellt, was jede grosse Philosophie bisher war:

Gradually it has become clear to me what every great philosophy has hitherto been:

nämlich das Selbstbekenntnis ihres Urhebers und
eine Art ungewollter und unvermerkter mémoires;

12.2

namely the self-confession of its author and a kind of
unintentional and unnoticed mémoires;

insgleichen, dass die moralischen (oder
unmoralischen) Absichten in jeder Philosophie
den eigentlichen Lebenskeim ausmachten, aus dem
jedesmal die ganze Pflanze gewachsen ist.

12.3

likewise that the moral (or immoral) intentions in every
philosophy have constituted the actual seed of life from
which the whole plant has always grown.

In der That, man thut gut (und klug), zur
Erklärung davon, wie eigentlich die entlegensten
metaphysischen Behauptungen eines Philosophen zu
Stande gekommen sind, sich immer erst zu fragen:

12.4

In fact, in order to explain how the most remote
metaphysical assertions of a philosopher have actually
come about, it is always good (and wise) to first ask oneself:

auf welche Moral will es (will er –) hinaus?

12.5

what morality does it (does he –) aim at?

Ich glaube demgemäss nicht, dass ein »Trieb zur
Erkenntniss«

12.6

Accordingly, I do not believe that a "drive to knowledge"

der Vater der Philosophie ist, sondern dass sich ein
andrer Trieb, hier wie sonst, der Erkenntniss (und
der Verkenntniss!)

12.7

is the father of philosophy, but that another drive,
here as elsewhere, has only used knowledge (and
misunderstanding!)

nur wie eines Werkzeugs bedient hat.

12.8

as a tool.

12.9 Wer aber die Grundtriebe des Menschen darauf hin ansieht, wie weit sie gerade hier als inspirirende Genien (oder Dämonen und Kobolde –) ihr Spiel getrieben haben mögen, wird finden, dass sie Alle schon einmal Philosophie getrieben haben, – und dass jeder Einzelne von ihnen gerade sich gar zu gerne als letzten Zweck des Daseins und als berechtigten Herrn aller übrigen Triebe darstellen möchte.

But whoever examines the basic instincts of man to see how far they may have played their game here as inspiring genii (or demons and goblins) will find that they have all engaged in philosophy at one time or another - and that each one of them would like to present itself as the ultimate purpose of existence and as the rightful master of all other instincts.

12.10 Denn jeder Trieb ist herrschsüchtig:

For every instinct is domineering:

12.11 und als solcher versucht er zu philosophiren.

and as such it seeks to philosophize.

12.12 – Freilich: bei den Gelehrten, den eigentlich wissenschaftlichen Menschen, mag es anders stehn –

– Admittedly, the situation may be different –

12.13 »besser«, wenn man will – ,

"better", if you like –

da mag es wirklich so Etwas wie einen
Erkenntnisstrieb geben, irgend ein kleines
unabhängiges Uhrwerk, welches, gut aufgezogen,
tapfer darauf los arbeitet, ohne dass die gesammten
übrigen Triebe des Gelehrten wesentlich dabei
betheiligt sind.

12.14

among scholars, the really scientific people, where there
really may be something like a cognitive instinct, some
small independent clockwork which, well wound up,
works valiantly without all the other instincts of the
scholar being substantially involved.

Die eigentlichen »Interessen«

12.15

The scholar's real "interests"

des Gelehrten liegen deshalb gewöhnlich ganz wo
anders,

12.16

therefore usually lie elsewhere,

etwa in der Familie oder im Gelderwerb oder in der
Politik;

12.17

for instance in the family or in making money or in politics;

ja es ist beinahe gleichgültig, ob seine kleine
Maschine an diese oder jene Stelle der Wissenschaft
gestellt wird, und ob der

12.18

indeed, it is almost immaterial whether his little machine
is placed in this or that place in science, and whether the

»hoffnungsvolle«

12.19

"hopeful"

junge Arbeiter aus sich einen guten Philologen oder
Pilzekenner oder Chemiker macht:

12.20

young worker makes a good philologist or mushroom
expert or chemist of himself:

12.21 – es bezeichnet ihn nicht, dass er dies oder jenes wird.

– it does not signify that he becomes this or that.

12.22 Umgekehrt ist an dem Philosophen ganz und gar nichts Unpersönliches;

Conversely, there is nothing at all impersonal about the philosopher;

12.23 und insbesondere giebt seine Moral ein entschiedenes und entscheidendes Zeugniss dafür ab, wer er ist –

and, in particular, his morals give a decisive and decisive testimony as to who he is –

12.24 das heisst,

that is,

12.25 in welcher Rangordnung die innersten Triebe seiner Natur zu einander gestellt sind.

in what order the innermost instincts of his nature are placed in relation to one another.

— 7 —

14.1 Wie boshaft Philosophen sein können!

How malicious philosophers can be!

14.2 Ich kenne nichts Giftigeres als den Scherz, den sich Epicur gegen Plato und die Platoniker erlaubte:

I know of nothing more poisonous than the joke that Epicurus allowed himself against Plato and the Platonists:

14.3 er nannte sie Dionysiokolakes.

he called them Dionysiokolakes.

Das bedeutet dem Wortlaute nach und im Vordergrunde

14.4

According to the wording and in the foreground, this means

»Schmeichler des Dionysios«,

14.5

"flatterers of Dionysius",

also Tyrannen-Zubehör und Speichellecker;

14.6

i.e. tyrant accessories and sycophants;

zu alledem will es aber noch sagen

14.7

but it also means

»das sind Alles Schauspieler, daran ist nichts Ächtes«

14.8

"they are all actors, there is nothing genuine about them"

(denn Dionysokolax war eine populäre Bezeichnung des Schauspielers).

14.9

(for Dionysocolax was a popular name for an actor).

Und das Letztere ist eigentlich die Bosheit, welche Epicur gegen Plato abschoss:

14.10

And the latter is actually the malice that Epicurus launched against Plato:

ihn verdross die grossartige Manier, das Sich-in-Scene-Setzen, worauf sich Plato sammt seinen Schülern verstand, –

14.11

he was disgusted by the grandiose manner, the putting himself in the limelight, which Plato and his pupils knew how to do, –

worauf sich Epicur nicht verstand!

14.12

which Epicurus did not know how to do!

14.13 er, der alte Schulmeister von Samos, der in seinem Gärtchen zu Athen versteckt sass und dreihundert Bücher schrieb, wer weiss?

he, the old schoolmaster of Samos, who sat hidden in his little garden at Athens and wrote three hundred books, who knows?

14.14 vielleicht aus Wuth und Ehrgeiz gegen Plato?

perhaps out of anger and ambition against Plato?

14.15 – Es brauchte hundert Jahre, bis Griechenland dahinter kam, wer dieser Gartengott Epicur gewesen war.

– It took a hundred years for Greece to find out who this garden god Epicurus was.

14.16 – Kam es dahinter? –

– Did it find out? –

— 8 —

16.1 In jeder Philosophie giebt es einen Punkt, wo die »Überzeugung«

In every philosophy there is a point where the "conviction"

16.2 des Philosophen auf die Bühne tritt: oder,

of the philosopher enters the stage: or,

16.3 um es in der Sprache eines alten Mysteriums zu sagen:

to put it in the language of an ancient mystery:

adventavit asinus   adventavit asinus

pulcher et fortissimus. pulcher et fortissimus.

— 9 —

»Gemäss der Natur« wollt ihr leben? Oh ihr edlen Stoiker, 19.1
"According to nature" you want to live? O you noble stoics,

welche Betrügerei der Worte! 19.2
what deceitfulness of words!

Denkt euch ein Wesen, wie es die Natur ist, 19.3
verschwenderisch ohne Maass, gleichgültig ohne
Maass, ohne Absichten und Rücksichten, ohne
Erbarmen und Gerechtigkeit, fruchtbar und öde
und ungewiss zugleich, denkt euch die Indifferenz
selbst als Macht –
Think of a being like nature, wasteful without measure,
indifferent without measure, without intentions
and consideration, without mercy and justice, fertile
and barren and uncertain at the same time, think of
indifference itself as power –

wie könntet ihr gemäss dieser Indifferenz leben? 19.4
Leben –
how could you live according to this indifference? Life –

ist das nicht gerade ein Anders-sein-wollen, als diese 19.5
Natur ist?
is it not precisely a wanting to be other than this nature is?

19.6 Ist Leben nicht Abschätzen, Vorziehn, Ungerechtsein, Begrenzt-sein, Different-sein-wollen?

Isn't life estimating, preferring, being unjust, being limited, wanting to be different?

19.7 Und gesetzt, euer Imperativ »gemäss der Natur leben«

And if your imperative "to live according to nature"

19.8 bedeute im Grunde soviel als »gemäss dem Leben leben«

basically means as much as "to live according to life"

19.9 – wie könntet ihr's denn nicht?

– how could you not?

19.10 Wozu ein Princip aus dem machen, was ihr selbst seid und sein müsst?

Why make a principle out of what you yourselves are and must be?

19.11 – In Wahrheit steht es ganz anders:

– The truth is quite different:

19.12 indem ihr entzückt den Kanon eures Gesetzes aus der Natur zu lesen vorgebt, wollt ihr etwas Umgekehrtes, ihr wunderlichen Schauspieler und Selbst-Betrüger!

by rapturously pretending to read the canon of your law from nature, you want something the opposite, you strange actors and self-deceivers!

19.13 Euer Stolz will der Natur, sogar der Natur, eure Moral, euer Ideal vorschreiben und einverleiben, ihr verlangt, dass sie

Your pride wants to prescribe and incorporate your morality, your ideal, into nature, even into nature, you demand that it be nature

»der Stoa gemäss« 19.14
"according to the Stoa"

Natur sei und möchtet alles Dasein nur nach eurem 19.15
eignen Bilde dasein machen –
and want to make all existence exist only in your own
image –

als eine ungeheure ewige Verherrlichung und 19.16
Verallgemeinerung des Stoicismus!
as a monstrous eternal glorification and generalization of
Stoicism!

Mit aller eurer Liebe zur Wahrheit zwingt ihr euch so 19.17
lange, so beharrlich, so hypnotisch-starr, die Natur
falsch, nämlich stoisch zu sehn, bis ihr sie nicht mehr
anders zu sehen vermögt, –
With all your love of truth you force yourselves so long, so
persistently, so hypnotically rigidly to see nature wrongly,
namely stoically, until you are no longer able to see it any
other way, –

und irgend ein abgründlicher Hochmuth giebt euch 19.18
zuletzt noch die Tollhäusler-Hoffnung ein, dass, weil
ihr euch selbst zu tyrannisiren versteht –
and some abysmal pride finally gives you the foolish hope
that, because you know how to tyrannize yourselves –

Stoicismus ist Selbst-Tyrannei – , 19.19
stoicism is self-tyranny – ,

auch die Natur sich tyrannisiren lässt: 19.20
nature also allows itself to be tyrannized:

ist denn der Stoiker nicht ein Stück Natur? 19.21
is not the stoic a piece of nature?

19.22 **Aber dies ist eine alte ewige Geschichte:**
But this is an old, eternal story:

19.23 **was sich damals mit den Stoikern begab, begiebt sich heute noch, sobald nur eine Philosophie anfängt, an sich selbst zu glauben.**
what happened to the Stoics back then is still happening today as soon as a philosophy begins to believe in itself.

19.24 **Sie schafft immer die Welt nach ihrem Bilde,**
It always creates the world in its own image,

19.25 **sie kann nicht anders;**
it cannot do otherwise;

19.26 **Philosophie ist dieser tyrannische Trieb selbst, der geistigste Wille zur Macht, zur**
philosophy is this tyrannical drive itself, the most spiritual will to power, to the

19.27 **»Schaffung der Welt«, zur causa prima.**
"creation of the world", to the causa prima.

— **10** —

21.1 **Der Eifer und die Feinheit, ich möchte sogar sagen: Schlauheit, mit denen man heute überall in Europa dem Probleme**
The zeal and subtlety, I would even say cleverness, with which the problem of

21.2 **»von der wirklichen und der scheinbaren Welt«**
"the real and the apparent world"

auf den Leib rückt,   21.3
is being approached everywhere in Europe today,

giebt zu denken und zu horchen;   21.4
gives food for thought and makes one listen;

und wer hier im Hintergrunde nur einen »Willen zur   21.5
Wahrheit«
and those who hear only a "will to truth"

und nichts weiter hört, erfreut sich gewiss nicht der   21.6
schärfsten Ohren.
and nothing more in the background certainly do not enjoy
the sharpest ears.

In einzelnen und seltenen Fällen mag wirklich   21.7
ein solcher Wille zur Wahrheit, irgend ein
ausschweifender und abenteuernder Muth, ein
Metaphysiker-Ehrgeiz des verlornen Postens dabei
betheiligt sein, der zuletzt eine Handvoll
In individual and rare cases such a will to truth, some
extravagant and adventurous courage, a metaphysician's
ambition of the lost position may really be involved, which
in the end still prefers a handful of

»Gewissheit«   21.8
"certainty"

immer noch einem ganzen Wagen voll schöner   21.9
Möglichkeiten vorzieht;
to a whole wagon full of beautiful possibilities;

21.10 **es mag sogar puritanische Fanatiker des Gewissens geben, welche lieber noch sich auf ein sicheres Nichts als auf ein ungewisses Etwas sterben legen.**

there may even be puritanical fanatics of conscience who would rather still lay themselves down to die on a certain nothing than on an uncertain something.

21.11 **Aber dies ist Nihilismus und Anzeichen einer verzweifelnden sterbensmüden Seele:**

But this is nihilism and the sign of a despairing, death-weary soul:

21.12 **wie tapfer auch die Gebärden einer solchen Tugend sich ausnehmen mögen.**

however brave the gestures of such virtue may appear.

21.13 **Bei den stärkeren, lebensvolleren, nach Leben noch durstigen Denkern scheint es aber anders zu stehen:**

But with the stronger, livelier thinkers, who are still thirsty for life, things seem to be different:

21.14 **indem sie Partei gegen den Schein nehmen und das Wort**

by taking sides against appearances and already pronouncing the word

21.15 **»perspektivisch«**

"perspective"

21.16 **bereits mit Hochmuth aussprechen, indem sie die Glaubwürdigkeit ihres eigenen Leibes ungefähr so gering anschlagen wie die Glaubwürdigkeit des Augenscheins, welcher sagt**

with pride, by casting the credibility of their own bodies about as low as the credibility of sight, which says

21.17 **»die Erde steht still«,**

"the earth stands still",

und dermaassen anscheinend gut gelaunt den
sichersten Besitz aus den Händen lassen (denn was
glaubt man jetzt sicherer als seinen Leib?)

21.18

and thus apparently cheerfully letting the most secure
possession out of their hands (for what can one now believe
more securely than one's body?)

wer weiss, ob sie nicht im Grunde Etwas
zurückerobern wollen, das man ehemals noch
sicherer besessen hat, irgend Etwas vom alten
Grundbesitz des Glaubens von Ehedem, vielleicht

21.19

Who knows whether they do not in fact want to recapture
something that they once possessed even more securely,
something from the old property of the faith of old,
perhaps

»die unsterbliche Seele«, vielleicht den alten Gott«,
kurz, Ideen, auf welchen sich besser, nämlich
kräftiger und heiterer leben liess als auf den

21.20

"the immortal soul", perhaps the old God", in short,
ideas on which it was possible to live better, namely more
vigorously and more cheerfully than on the

»modernen Ideen?«

21.21

"modern ideas?"

Es ist Misstrauen gegen diese modernen Ideen darin,
es ist Unglauben an alles Das, was gestern und heute
gebaut worden ist;

21.22

There is mistrust of these modern ideas in it, there is
disbelief in everything that has been built yesterday and
today;

21.23 es ist vielleicht ein leichter Überdruss und Hohn eingemischt, der das bric-à-brac von Begriffen verschiedenster Abkunft nicht mehr aushält, als welches sich heute der sogenannte Positivismus auf den Markt bringt, ein Ekel des verwöhnteren Geschmacks vor der Jahrmarkts-Buntheit und Lappenhaftigkeit aller dieser Wirklichkeits-Philosophaster, an denen nichts neu und ächt ist als diese Buntheit.

there is perhaps a slight weariness and scorn mixed in, which can no longer stand the bric-à-brac of concepts of the most diverse origins, as which today's so-called positivism brings itself to the market, a disgust of the more spoiled taste for the fairground colorfulness and raggedness of all these reality philosophers, in which nothing is new and genuine but this colorfulness.

21.24 Man soll darin, wie mich dünkt, diesen skeptischen Anti-Wirklichen und Erkenntniss-Mikroskopikern von heute Recht geben:

It seems to me that these skeptical anti-realists and cognitive microscopists of today should be proved right:

21.25 ihr Instinkt, welcher sie aus der modernen Wirklichkeit hinwegtreibt, ist unwiderlegt, –

their instinct, which drives them away from modern reality, is unrefuted –

21.26 was gehen uns ihre rückläufigen Schleichwege an!

what do we care about their retrograde sneaky ways!

21.27 Das Wesentliche an ihnen ist nicht, dass sie »zurück« wollen:

The essential thing about them is not that they want to "go back":

21.28 sondern, dass sie – weg wollen.

but that they – want to get away.

Etwas Kraft, Flug, Muth, Künstlerschaft mehr und sie würden hinaus wollen, –

21.29

A little more strength, flight, courage, artistry and they would want to go out –

und nicht zurück! –

21.30

and not back! –

— 11 —

Es scheint mir, dass man jetzt überall bemüht ist, von dem eigentlichen Einflusse, den Kant auf die deutsche Philosophie ausgeübt hat, den Blick abzulenken und namentlich über den Werth, den er sich selbst zugestand, klüglich hinwegzuschlüpfen.

23.1

It seems to me that efforts are now being made everywhere to divert attention from the actual influence that Kant exerted on German philosophy and, in particular, to cleverly overlook the value that he conceded to himself.

Kant war vor Allem und zuerst stolz auf seine Kategorientafel,

23.2

Kant was above all and first of all proud of his table of categories,

er sagte mit dieser Tafel in den Händen:

23.3

he said with this table in his hands:

»das ist das Schwerste, was jemals zum Behufe der Metaphysik unternommen werden konnte«.

23.4

"this is the most difficult thing that could ever be undertaken for the purpose of metaphysics".

– Man verstehe doch dies »werden konnte!«

23.5

– Understand this "could become!"

23.6 **er war stolz darauf, im Menschen ein neues Vermögen, das Vermögen zu synthetischen Urteilen a priori, entdeckt zu haben.**

He was proud of having discovered a new faculty in man, the faculty of synthetic a priori judgments.

23.7 **Gesetzt, dass er sich hierin selbst betrog:**

Granted that he deceived himself in this:

23.8 **aber die Entwicklung und rasche Blüthe der deutschen Philosophie hängt an diesem Stolze und an dem Wetteifer aller Jüngeren, womöglich noch Stolzeres zu entdecken –**

but the development and rapid flowering of German philosophy depends on this pride and on the eagerness of all younger philosophers to discover something even prouder –

23.9 **und jedenfalls »neue Vermögen«! – Aber besinnen wir uns:**

and in any case "new faculties"! – But let us reflect:

23.10 **es ist an der Zeit.**

the time has come.

23.11 **Wie sind synthetische Urtheile a priori möglich?**

How are synthetic a priori judgments possible?

23.12 **fragte sich Kant, – und was antwortete er eigentlich?**

Kant asked himself – and what did he actually answer?

23.13 **Vermöge eines Vermögens:**

By means of a faculty:

leider aber nicht mit drei Worten, sondern so
umständlich, ehrwürdig und mit einem solchen
Aufwande von deutschem Tief - und Schnörkelsinne,
dass man die lustige niaiserie allemande überhörte,
welche in einer solchen Antwort steckt.

23.14

unfortunately, not in three words, but in such a
roundabout and venerable way, and with such an effort
of German profundity and ornateness, that the amusing
niaiserie allemande inherent in such an answer was
overheard.

Man war sogar ausser sich über dieses neue
Vermögen, und der Jubel kam auf seine Höhe,
als Kant auch noch ein moralisches Vermögen im
Menschen hinzu entdeckte:

23.15

One was even beside oneself with this new faculty, and the
jubilation reached its height when Kant also discovered a
moral faculty in man:

– denn damals waren die Deutschen noch moralisch,

23.16

– for at that time the Germans were still moral,

und ganz und gar noch nicht »real-politisch«.

23.17

and not yet at all "real-political".

– Es kam der Honigmond der deutschen Philosophie;

23.18

– Then came the honey moon of German philosophy;

alle jungen Theologen des Tübinger Stifts giengen
alsbald in die Büsche, –

23.19

all the young theologians of the Tübingen Abbey
immediately went into the bushes –

alle suchten nach »Vermögen«.

23.20

they were all looking for "ability".

Und was fand man nicht Alles –

23.21

And what did they not find –

23.22 in jener unschuldigen, reichen, noch jugendlichen
Zeit des deutschen Geistes, in welche die Romantik,
die boshafte Fee, hineinblies, hineinsang, damals, als
man »finden« und »erfinden« noch nicht auseinander
zu halten wusste!"

in those innocent, rich, still youthful days of the German
spirit, into which Romanticism, the mischievous fairy,
blew, sang, at a time when one did not yet know how to
distinguish between "finding" and "inventing!"

23.23 Vor Allem ein Vermögen für's »übersinnliche«:

Above all, a capacity for the "supersensible":

23.24 Schelling taufte es die intellektuale Anschauung
und kam damit den herzlichsten Gelüsten seiner im
Grunde frommgelüsteten Deutschen entgegen.

Schelling christened it the intellectual view and thus met
the heartfelt desires of his basically pious Germans.

23.25 Man kann dieser ganzen übermüthigen und
schwärmerischen Bewegung, welche Jugend war, so
kühn sie sich auch in graue und greisenhafte Begriffe
verkleidete, gar nicht mehr Unrecht thun, als wenn
man sie ernst nimmt und gar etwa mit moralischer
Entrüstung behandelt;

One can do no more injustice to this whole exuberant and
rapturous movement, which was youth, however boldly it
disguised itself in gray and old-fashioned concepts, than to
take it seriously and even treat it with moral indignation;

23.26 genug, man wurde älter, – der Traum verflog.

enough, one grew older, – the dream vanished.

23.27 Es kam eine Zeit, wo man sich die Stirne rieb:

There came a time when one rubbed one's forehead:

23.28 man reibt sie sich heute noch. Man hatte geträumt:

one still rubs it today. One had dreamed:

41

voran und zuerst – der alte Kant. »Vermöge eines Vermögens«   23.29
first and foremost – the old Kant. "By virtue of a faculty"

– hatte er gesagt, mindestens gemeint.   23.30
– he had said, or at least meant.

Aber ist denn das – eine Antwort? Eine Erklärung?   23.31
But is that an answer? An explanation?

Oder nicht vielmehr nur eine Wiederholung der Frage?   23.32
Or isn't it just a repetition of the question?

Wie macht doch das Opium schlafen?   23.33
How does opium make you sleep?

»Vermöge eines Vermögens«, nämlich der virtus dormitiva – antwortet jener Arzt bei Molière,   23.34
"By virtue of a faculty", namely the virtus dormitiva – answers Molière's doctor,

quia est in eo virtus dormitiva,

quia est in eo virtus dormitiva,

ujus est natura sensus assoupire.

ujus est natura sensus assoupire.

Aber dergleichen Antworten gehören in die Komödie, und es ist endlich an der Zeit, die Kantische Frage   25.1
But such answers belong in comedy, and it is finally time to replace Kant's question

»Wie sind synthetische Urtheile a priori möglich?«   25.2
"How are synthetic judgments a priori possible?"

25.3 **durch eine andre Frage zu ersetzen**
with another question

25.4 **»warum ist der Glaube an solche Urtheile nöthig?«**
"Why is belief in such judgments necessary?"

25.5 **– nämlich zu begreifen,**
– namely,

25.6 **dass zum Zweck der Erhaltung von Wesen unsrer Art solche Urtheile als wahr geglaubt werden müssen;**
to understand that for the purpose of preserving beings of our kind such judgments must be believed to be true;

25.7 **weshalb sie natürlich noch falsche Urtheile sein könnten! Oder,**
which is why they could of course still be false judgments! Or,

25.8 **deutlicher geredet und grob und gründlich:**
to put it more clearly and roughly and thoroughly:

25.9 **synthetische Urtheile a priori sollten gar nicht »möglich sein«:**
synthetic a priori judgments should not "be possible" at all:

25.10 **wir haben kein Recht auf sie,**
we have no right to them,

25.11 **in unserm Munde sind es lauter falsche Urtheile.**
in our mouths they are nothing but false judgments.

Nur ist allerdings der Glaube an ihre Wahrheit 25.12
nöthig, als ein Vordergrunds-Glaube und
Augenschein, der in die Perspektiven-Optik des
Lebens gehört.
But belief in their truth is necessary, as a foreground belief
and appearance that belongs to the perspective optics of
life.

– Um zuletzt noch der ungeheuren Wirkung zu 25.13
gedenken, welche
– Finally, to commemorate the tremendous impact that

»die deutsche Philosophie« 25.14
"German philosophy"

– man versteht, wie ich hoffe, ihr Anrecht auf 25.15
Gänsefüsschen?
– one understands, I hope, its right to goose-step?

– in ganz Europa ausgeübt hat, so zweifle man nicht, 25.16
dass eine gewisse virtus dormitiva dabei betheiligt
war:
– has exerted throughout Europe, there can be no doubt
that a certain virtus dormitiva was involved:

man war entzückt, unter edlen Müssiggängern, 25.17
Tugendhaften, Mystikern, Künstlern, Dreiviertels-
Christen und politischen Dunkelmännern aller
Nationen, Dank der deutschen Philosophie,
ein Gegengift gegen den noch übermächtigen
Sensualismus zu haben, der vom vorigen
Jahrhundert in dieses hinüberströmte, kurz –
thanks to German philosophy, one was delighted to have
among noble idlers, virtuous people, mystics, artists,
three-quarter Christians and political obscurantists of all
nations an antidote to the still overpowering sensualism
that flowed over into this century from the previous one, in
short –

25.18 »sensus assoupire« ...

"sensus assoupire" ...

— **12** —

27.1 Was die materialistische Atomistik betrifft: so gehört dieselbe zu den bestwiderlegten Dingen,

As far as materialistic atomism is concerned,

27.2 die es giebt;

it is one of the best refuted things there is;

27.3 und vielleicht ist heute in Europa Niemand unter den Gelehrten mehr so ungelehrt, ihr ausser zum bequemen Hand -

and perhaps no one among the scholars in Europe today is so unlearned as to attribute any serious significance to it other than for the convenience of manual and domestic use (namely as an abbreviation of the means of expression) -

27.4 und Hausgebrauch (nämlich als einer Abkürzung der Ausdrucksmittel) noch eine ernstliche Bedeutung zuzumessen – Dank vorerst jenem Polen Boscovich, der, mitsammt dem Polen Kopernicus, bisher der grösste und siegreichste Gegner des Augenscheins war.

thanks first of all to the Pole Boscovich, who, together with the Pole Copernicus, was hitherto the greatest and most victorious opponent of ocularism.

Während nämlich Kopernicus uns überredet hat zu   27.5
glauben, wider alle Sinne, dass die Erde nicht fest
steht, lehrte Boscovich dem Glauben an das Letzte,
was von der Erde »feststand«, abschwören, dem
Glauben an den »Stoff«, an die »Materie«, an das
Erdenrest - und Klümpchen-Atom:

While Copernicus persuaded us to believe, against all our
senses, that the earth is not solid, Boscovich taught us to
renounce the belief in the last thing that was "solid" about
the earth, the belief in "substance", in "matter", in the
earth's residual and lumpy atom:

es war der grösste Triumph über die Sinne, der bisher   27.6
auf Erden errungen worden ist.

it was the greatest triumph over the senses that has ever
been achieved on earth.

– Man muss aber noch weiter gehn und auch dem   27.7

– But we must go even further and declare war on the

»atomistischen Bedürfnisse«, das immer noch ein   27.8
gefährliches Nachleben führt, auf Gebieten, wo es
Niemand ahnt, gleich jenem berühmteren

"atomistic need", which still leads a dangerous afterlife, in
areas where no one suspects it, like that more famous

»metaphysischen Bedürfnisse«   27.9

"metaphysical need"

– den Krieg erklären, einen schonungslosen Krieg   27.10
auf's Messer:

– a merciless war to the knife:

27.11 – man muss zunächst auch jener anderen und verhängnissvolleren Atomistik den Garaus machen, welche das Christenthum am besten und längsten gelehrt hat, der Seelen-Atomistik.

– we must first of all also put an end to that other and more disastrous atomism, which Christianity has taught best and longest, the atomism of the soul.

27.12 Mit diesem Wort sei es erlaubt, jenen Glauben zu bezeichnen, der die Seele als etwas Unvertilgbares, Ewiges, Untheilbares, als eine Monade, als ein Atomon nimmt:

With this word it may be permitted to designate that belief which takes the soul as something indestructible, eternal, incurable, as a monad, as an atomon:

27.13 diesen Glauben soll man aus der Wissenschaft hinausschaffen!

this belief should be eliminated from science!

27.14 Es ist, unter uns gesagt, ganz und gar nicht nöthig

It is, between ourselves, not at all necessary to get rid of

27.15 »die Seele«

"the soul"

27.16 selbst dabei los zu werden und auf eine der ältesten und ehrwürdigsten Hypothesen Verzicht zu leisten:

itself and to renounce one of the oldest and most venerable hypotheses:

27.17 wie es dem Ungeschick der Naturalisten zu begegnen pflegt, welche, kaum dass sie an »die Seele« rühren, sie auch verlieren.

as is the misfortune of naturalists, who, as soon as they touch "the soul", lose it.

Aber der Weg zu neuen Fassungen und   27.18
Verfeinerungen der Seelen-Hypothese steht offen:
But the way is open to new versions and refinements of the
soul hypothesis:

und Begriffe wie »sterbliche Seele« und   27.19
and concepts such as "mortal soul" and

»Seele als Subjekts-Vielheit« und   27.20
"soul as subject-many" and

»Seele als Gesellschaftsbau der Triebe und Affekte«   27.21
"soul as social structure of drives and affects"

wollen fürderhin in der Wissenschaft Bürgerrecht   27.22
haben.
want to have civil rights in science for the time being.

Indem der neue Psycholog dem Aberglauben ein   27.23
Ende bereitet, der bisher um die Seelen-Vorstellung
mit einer fast tropischen Üppigkeit wucherte, hat er
sich freilich selbst gleichsam in eine neue Oede und
ein neues Misstrauen hinaus gestossen –
By putting an end to the superstition that has hitherto
proliferated around the concept of the soul with an almost
tropical luxuriance, the new psychologist has, of course,
thrust himself, as it were, into a new oedema and a new
mistrust –

es mag sein, dass die älteren Psychologen es   27.24
bequemer und lustiger hatten – :
it may be that the older psychologists had it more
comfortable and more amusing – :

zuletzt aber weiss er sich eben damit auch zum   27.25
Erfinden verurtheilt –
in the end, however, he also knows himself to be
condemned to invent –

48

27.26 **und, wer weiss? vielleicht zum Finden. –**

and, who knows? perhaps to find. –

— 13 —

29.1 **Die Physiologen sollten sich besinnen, den Selbsterhaltungstrieb als kardinalen Trieb eines organischen Wesens anzusetzen.**

Physiologists should remember to recognize the instinct of self-preservation as the cardinal instinct of an organic being.

29.2 **Vor Allem will etwas Lebendiges seine Kraft auslassen –**

Above all, something living wants to release its power –

29.3 **Leben selbst ist Wille zur Macht – :**

life itself is the will to power – :

29.4 **die Selbsterhaltung ist nur eine der indirekten und häufigsten Folgen davon.**

self-preservation is only one of the indirect and most frequent consequences of this.

29.5 **– Kurz, hier wie überall, Vorsicht vor überflüssigen teleologischen Principien!**

– In short, here as everywhere, beware of superfluous teleological principles!

29.6 **– wie ein solches der Selbsterhaltungstrieb ist (man dankt ihn der Inconsequenz Spinoza's –).**

– such as the instinct of self-preservation is (thanks to Spinoza's inconsistency).

So nämlich gebietet es die Methode, 29.7
For this is what the method dictates,

die wesentlich Principien-Sparsamkeit sein muss. 29.8
which must essentially be economy of principles.

— 14 —

Es dämmert jetzt vielleicht in fünf, sechs Köpfen, 31.1
dass Physik auch nur eine Welt-Auslegung und –
Zurechtlegung (nach uns!
Perhaps it is now dawning on five or six minds that physics
is also only an interpretation and an explanation of the
world (according to us!

mit Verlaub gesagt) und nicht eine Welt-Erklärung 31.2
ist:
if I may say so) and not an explanation of the world:

aber, insofern sie sich auf den Glauben an die Sinne 31.3
stellt, gilt sie als mehr und muss auf lange hinaus
noch als mehr, nämlich als Erklärung gelten.
but in so far as it is based on faith in the senses, it is
regarded as more and must for a long time to come be
regarded as more, namely as an explanation.

Sie hat Augen und Finger für sich, 31.4
It has eyes and fingers for itself,

sie hat den Augenschein und die Handgreiflichkeit 31.5
für sich:
it has the appearance and the tangibility for itself:

31.6 **das wirkt auf ein Zeitalter mit plebejischem Grundgeschmack bezaubernd, überredend, überzeugend, –**

this has an enchanting, persuasive, convincing effect on an age with plebeian basic tastes –

31.7 **es folgt ja instinktiv dem Wahrheits-Kanon des ewig volksthümlichen Sensualismus.**

it instinctively follows the canon of truth of eternally popular sensualism.

31.8 **Was ist klar, was »erklärt?«**

What is clear, what is "explained?"

31.9 **Erst Das, was sich sehen und tasten lässt, –**

Only that which can be seen and felt –

31.10 **bis so weit muss man jedes Problem treiben. Umgekehrt:**

you have to push every problem that far. Conversely:

31.11 **genau im Widerstreben gegen die Sinnenfälligkeit bestand der Zauber der platonischen Denkweise, welche eine vornehme Denkweise war, – vielleicht unter Menschen, die sich sogar stärkerer und anspruchsvollerer Sinne erfreuten, als unsre Zeitgenossen sie haben, aber welche einen höheren Triumph darin zu finden wussten, über diese Sinne Herr zu bleiben:**

the magic of the Platonic way of thinking, which was a noble way of thinking, consisted precisely in the resistance to sensuality – perhaps among people who enjoyed even stronger and more sophisticated senses than our contemporaries have, but who knew how to find a higher triumph in remaining master of these senses:

und dies mittels blasser kalter grauer Begriffs-Netze, 31.12
die sie über den bunten Sinnen-Wirbel – den Sinnen-
Pöbel, wie Plato sagte – warfen.

and this by means of pale, cold, gray webs of concepts
that they threw over the colorful swirl of the senses - the
sensual rabble, as Plato said.

Es war eine andre Art Genuss in dieser Welt- 31.13
Überwältigung und Welt-Auslegung nach der Manier
des Plato, als der es ist, welchen uns die Physiker von
Heute anbieten, insgleichen die Darwinisten und
Antitheologen unter den physiologischen Arbeitern,
mit ihrem Princip der

It was a different kind of pleasure in this world-
overwhelming and world-interpretation according
to the manner of Plato than that which the physicists
of today offer us, likewise the Darwinists and anti-
theologians among the physiological workers, with their
principle of the

»kleinstmöglichen Kraft« und der grösstmöglichen 31.14
Dummheit.

"smallest possible power" and the greatest possible
stupidity.

»Wo der Mensch nichts mehr zu sehen und zu greifen 31.15
hat,

"Where man has nothing more to see and grasp,

da hat er auch nichts mehr zu suchen« 31.16

there he has nothing more to seek"

31.17 – das ist freilich ein anderer Imperativ als der
Platonische, welcher aber doch für ein derbes
arbeitsames Geschlecht von Maschinisten und
Brückenbauern der Zukunft, die lauter grobe Arbeit
abzuthun haben, gerade der rechte Imperativ sein
mag.

– this is admittedly a different imperative from the Platonic
one, but it may be just the right imperative for a hard-
working generation of machinists and bridge builders of
the future who have to do a lot of rough work.

— 15 —

33.1 Um Physiologie mit gutem Gewissen zu treiben, muss
man darauf halten, dass die Sinnesorgane nicht
Erscheinungen sind im Sinne der idealistischen
Philosophie:

In order to do physiology with a clear conscience, one must
insist that the sense organs are not phenomena in the sense
of idealistic philosophy:

33.2 als solche könnten sie ja keine Ursachen sein!

as such they could not be causes!

33.3 Sensualismus mindestens somit als regulative
Hypothese,

Sensualism is thus at least a regulative hypothesis,

33.4 um nicht zu sagen als heuristisches Princip. – Wie?

not to say a heuristic principle. – How?

33.5 und Andere sagen gar, die Aussenwelt wäre das Werk
unsrer Organe?

and others even say that the external world is the work of
our organs?

Aber dann wäre ja unser Leib, als ein Stück dieser Aussenwelt, das Werk unsrer Organe!   33.6

But then our body, as a part of this external world, would be the work of our organs!

Aber dann wären ja unsre Organe selbst – das Werk unsrer Organe!   33.7

But then our organs themselves would be the work of our organs!

Dies ist, wie mir scheint, eine gründliche reductio ad absurdum: 33.8

This is, it seems to me, a thorough reductio ad absurdum:

gesetzt, dass der Begriff causa sui etwas gründlich Absurdes ist.   33.9

provided that the concept causa sui is something thoroughly absurd.

Folglich ist die Aussenwelt nicht das Werk unsrer Organe – ?   33.10

Consequently, the external world is not the work of our organs – ?

— 16 —

Es giebt immer noch harmlose Selbst-Beobachter, welche glauben, dass es »unmittelbare Gewissheiten« gebe, zum Beispiel »ich denke«, oder, wie es der Aberglaube Schopenhauer's war, »ich will«:   35.1

There are still harmless self-observers who believe that there are "immediate certainties", for example "I think", or, as was Schopenhauer's superstition, "I will":

35.2 gleichsam als ob hier das Erkennen rein und nackt seinen Gegenstand zu fassen bekäme,

as if here cognition could grasp its object purely and nakedly,

35.3 als

as a

35.4 »Ding an sich«, und weder von Seiten des Subjekts, noch von Seiten des Objekts eine Fälschung stattfände.

"thing in itself", and no falsification took place either on the part of the subject or on the part of the object.

35.5 Dass aber »unmittelbare Gewissheit«,

But I will repeat a hundred times that "immediate certainty",

35.6 ebenso wie »absolute Erkenntniss« und

just like "absolute cognition" and

35.7 »Ding an sich«, eine contradictio in adjecto in sich schliesst, werde ich hundertmal wiederholen:

"thing-in-itself", is a contradictio in adjecto:

35.8 man sollte sich doch endlich von der Verführung der Worte losmachen!

we should finally free ourselves from the seduction of words!

35.9 Mag das Volk glauben, dass Erkennen ein zu Ende-Kennen sei, der Philosoph muss sich sagen:

The people may believe that cognition is knowing to an end, but the philosopher must say to himself:

»wenn ich den Vorgang zerlege, der in dem Satz »ich denke« ausgedrückt ist, so bekomme ich eine Reihe von verwegenen Behauptungen, deren Begründung schwer, vielleicht unmöglich ist, –

35.10

"if I dissect the process expressed in the sentence "I think", I get a series of audacious assertions whose justification is difficult, perhaps impossible, –

zum Beispiel, dass ich es bin, der denkt, dass überhaupt ein Etwas es sein muss, das denkt, dass Denken eine Thätigkeit und Wirkung seitens eines Wesens ist, welches als Ursache gedacht wird, dass es ein »Ich« giebt, endlich, dass es bereits fest steht, was mit Denken zu bezeichnen ist, –

35.11

for example, that it is I who think, that there must be a something at all, that thinks, that thinking is an activity and effect on the part of a being which is thought to be a cause, that there is an "I", finally, that it is already certain what is to be designated by thinking, –

dass ich weiss, was Denken ist.

35.12

that I know what thinking is.

Denn wenn ich nicht darüber mich schon bei mir entschieden hätte, wonach sollte ich abmessen, dass, was eben geschieht, nicht vielleicht

35.13

For if I had not already made up my mind about this, how could I measure that what is happening is not

»Wollen« oder »Fühlen« sei? Genug, jenes »ich denke«

35.14

"willing" or "feeling" perhaps? Enough, that "I think"

setzt voraus, dass ich meinen augenblicklichen Zustand mit anderen Zuständen, die ich an mir kenne, vergleiche, um so festzusetzen, was er ist:

35.15

presupposes that I compare my current state with other states that I know about myself in order to determine what it is:

35.16 wegen dieser Rückbeziehung auf anderweitiges »Wissen« hat er für mich jedenfalls keine unmittelbare »Gewissheit«.

because of this reference to other "knowledge" it has no immediate "certainty" for me in any case.

35.17 – An Stelle jener »unmittelbaren Gewissheit«, an welche das Volk im gegebenen Falle glauben mag, bekommt dergestalt der Philosoph eine Reihe von Fragen der Metaphysik in die Hand, recht eigentliche Gewissensfragen des Intellekts, welche heissen:

– Instead of that "immediate certainty" in which the people may believe in a given case, the philosopher is thus presented with a series of questions of metaphysics, quite proper questions of conscience of the intellect, which are called:

35.18 »Woher nehme ich den Begriff Denken?

"Where do I get the concept of thinking from?

35.19 Warum glaube ich an Ursache und Wirkung?

Why do I believe in cause and effect?

35.20 Was giebt mir das Recht, von einem Ich, und gar von einem Ich als Ursache, und endlich noch von einem Ich als Gedanken-Ursache zu reden?«

What gives me the right to speak of an I, and even of an I as a cause, and finally of an I as the cause of thought?"

35.21 Wer sich mit der Berufung auf eine Art Intuition der Erkenntniss getraut, jene metaphysischen Fragen sofort zu beantworten, wie es Der thut, welcher sagt:

Whoever dares to answer these metaphysical questions immediately by appealing to a kind of intuition of knowledge, as does he who says:

»ich, denke, und weiss, dass dies wenigstens wahr, wirklich, gewiss ist«   35.22

"I think and know that this at least is true, real, certain"

– der wird bei einem Philosophen heute ein Lächeln und zwei Fragezeichen bereit finden.   35.23

– will find a philosopher today ready with a smile and two question marks.

»Mein Herr, wird der Philosoph vielleicht ihm zu verstehen geben, es ist unwahrscheinlich, dass Sie sich nicht irren: 35.24

"Sir, the philosopher will perhaps make him understand, it is improbable that you are not mistaken:

aber warum auch durchaus Wahrheit? « –   35.25

but why truth? " –

— 17 —

Was den Aberglauben der Logiker betrifft: so will ich nicht müde werden, eine kleine kurze Thatsache immer wieder zu unterstreichen, welche von diesen Abergläubischen ungern zugestanden wird, – nämlich, dass ein Gedanke kommt, wenn   37.1

As to the superstition of the logicians, I shall not tire of emphasizing a short little fact which these superstitious people are unwilling to admit, namely, that a thought comes when

»er« will, und nicht wenn »ich« will;   37.2

"it" wills, and not when "I" will;

so dass es eine Fälschung des Thatbestandes ist, zu sagen: das Subjekt   37.3

so that it is a falsification of the facts to say that the subject

37.4   »ich« ist die Bedingung des Prädikats »denke«. Es denkt:

"I" is the condition of the predicate "think". It thinks:

37.5   aber dass dies »es« gerade jenes alte berühmte »Ich«

but that this "it" is precisely that old famous "I"

37.6   sei, ist, milde geredet, nur eine Annahme, eine Behauptung, vor Allem keine

is, to put it mildly, only an assumption, an assertion, above all not an

37.7   »unmittelbare Gewissheit«. Zuletzt ist schon mit diesem

"immediate certainty". Finally, this

37.8   »es denkt« zu viel gethan: schon dies »es«

"it thinks" is already too much: this "it"

37.9   enthält eine Auslegung des Vorgangs und gehört nicht zum Vorgange selbst.

already contains an interpretation of the process and does not belong to the process itself.

37.10 Man schliesst hier nach der grammatischen Gewohnheit

One concludes here according to the grammatical habit

37.11 »Denken ist eine Thätigkeit, zu jeder Thätigkeit gehört Einer, der thätig ist, folglich – «.

"thinking is an activity, to every activity belongs one who is active, consequently – ".

Ungefähr nach dem gleichen Schema suchte die 37.12
ältere Atomistik zu der »Kraft«, die wirkt, noch jenes
Klümpchen Materie, worin sie sitzt, aus der heraus
sie wirkt, das Atom;

According to approximately the same scheme, the older
atomistics sought to add to the "force" that acts that little
lump of matter in which it sits, out of which it acts, the
atom;

strengere Köpfe lernten endlich ohne diesen 37.13
»Erdenrest« auskommen, und vielleicht gewöhnt
man sich eines Tages noch daran, auch seitens der
Logiker ohne jenes kleine »es« (zu dem sich das
ehrliche alte Ich verflüchtigt hat) auszukommen.

more rigorous minds finally learned to get along without
this "remnant of earth", and perhaps one day logicians
will also get used to getting along without that little "it" (to
which the honest old "I" has evaporated).

— 18 —

An einer Theorie ist wahrhaftig nicht ihr geringster 39.1
Reiz, dass sie widerlegbar ist:

The least attractive thing about a theory is that it can be
refuted:

gerade damit zieht sie feinere Köpfe an. 39.2

this is precisely what attracts the finest minds.

Es scheint, dass die hundertfach widerlegte Theorie 39.3
vom »freien Willen« ihre Fortdauer nur noch diesem
Reize verdankt – :

It seems that the theory of "free will", which has been
refuted hundreds of times, owes its persistence only to this
attraction – :

39.4 **immer wieder kommt jemand und fühlt sich stark genug, sie zu widerlegen.**

someone always comes along and feels strong enough to refute it.

— **19** —

41.1 **Die Philosophen pflegen vom Willen zu reden, wie als ob er die bekannteste Sache von der Welt sei;**

Philosophers are in the habit of speaking of the will as if it were the best-known thing in the world;

41.2 **ja Schopenhauer gab zu verstehen, der Wille allein sei uns eigentlich bekannt, ganz und gar bekannt, ohne Abzug und Zuthat bekannt.**

indeed, Schopenhauer gave it to be understood that the will alone is actually known to us, completely known, known without deduction or addition.

41.3 **Aber es dünkt mich immer wieder, dass Schopenhauer auch in diesem Falle nur gethan hat, was Philosophen eben zu thun pflegen:**

But it always seems to me that in this case, too, Schopenhauer has only done what philosophers are wont to do:

41.4 **dass er ein Volks-Vorurtheil übernommen und übertrieben hat.**

that he has adopted and exaggerated a popular prejudice.

41.5 **Wollen scheint mir vor Allem etwas Complicirtes, Etwas, das nur als Wort eine Einheit ist, –**

Willing seems to me above all something complicated, something that is a unity only as a word, –

und eben im Einen Worte steckt das Volks-
Vorurtheil,

and it is precisely in the one word that the popular
prejudice is to be found,

das über die allzeit nur geringe Vorsicht der
Philosophen Herr geworden ist.

which has become master of the philosophers' ever so little
caution.

Seien wir also einmal vorsichtiger, seien wir

Let us therefore be more cautious, let us be

»unphilosophisch« – , sagen wir:

"unphilosophical" – , let us say:

in jedem Wollen ist erstens eine Mehrheit von
Gefühlen, nämlich das Gefühl des Zustandes, von
dem weg, das Gefühl des Zustandes, zu dem hin, das
Gefühl von diesem

in every volition there is first of all a majority of feelings,
namely the feeling of the state away from which, the
feeling of the state towards which, the feeling of this

»weg« und »hin«

"away" and "towards"

selbst, dann noch ein begleitendes Muskelgefühl,
welches, auch ohne dass wir

itself, then also an accompanying muscular feeling which,
even without our setting

»Arme und Beine«

"arms and legs"

41.14 in Bewegung setzen, durch eine Art Gewohnheit, sobald wir

in motion, begins its play through a kind of habit as soon as we

41.15 »wollen«, sein Spiel beginnt.

"will".

41.16 Wie also Fühlen und zwar vielerlei Fühlen als Ingredienz des Willens anzuerkennen ist, so zweitens auch noch Denken:

So just as feeling, and indeed many kinds of feeling, is to be recognized as an ingredient of the will, so, secondly, is thinking:

41.17 in jedem Willensakte giebt es einen commandirenden Gedanken;

in every act of will there is a commanding thought;

41.18 – und man soll ja nicht glauben, diesen Gedanken von dem »Wollen« abscheiden zu können, wie als ob dann noch Wille übrig bliebe!

– and we should not believe that we can separate this thought from the "will", as if there were still will left!

41.19 Drittens ist der Wille nicht nur ein Complex von Fühlen und Denken, sondern vor Allem noch ein Affekt:

Thirdly, the will is not only a complex of feeling and thinking, but above all an affect:

41.20 und zwar jener Affekt des Commando's. Das, was

namely, the affect of command. That which is called

41.21 »Freiheit des Willens«

"freedom of the will"

genannt wird, ist wesentlich der Überlegenheits-
Affekt in Hinsicht auf Den, der gehorchen muss:

41.22

is essentially the effect of superiority with respect to him
who must obey:

»ich bin frei, »er« muss gehorchen«

41.23

"I am free, "he" must obey"

– dies Bewusstsein steckt in jedem Willen, und
ebenso jene Spannung der Aufmerksamkeit, jener
gerade Blick, der ausschliesslich Eins fixirt, jene
unbedingte Werthschätzung

41.24

– this consciousness is in every will, and likewise that
tension of attention, that straight gaze which fixes
exclusively on one thing, that unconditional appreciation
of value

»jetzt thut dies und nichts Anderes Noth«, jene innere
Gewissheit darüber, dass gehorcht werden wird,
und was Alles noch zum Zustande des Befehlenden
gehört.

41.25

"now this and nothing else is necessary", that inner
certainty that it will be obeyed, and everything else that
belongs to the state of the one who commands.

Ein Mensch, der will – , befiehlt einem Etwas in
sich, das gehorcht oder von dem er glaubt, dass es
gehorcht.

41.26

A man who wills commands something within himself that
obeys or that he believes will obey.

Nun aber beachte man, was das Wunderlichste am
Willen ist, –

41.27

But now consider what is most marvelous about will, –

an diesem so vielfachen Dinge,

41.28

about this so manifold thing,

41.29 **für welches das Volk nur Ein Wort hat:**

for which the people have only One Word:

41.30 **insofern wir im gegebenen Falle zugleich die Befehlenden und Gehorchenden sind, und als Gehorchende die Gefühle des Zwingens, Drängens, Drückens, Widerstehens, Bewegens kennen, welche sofort nach dem Akte des Willens zu beginnen pflegen;**

inasmuch as in a given case we are both the commanding and the obeying, and as the obeying know the feelings of compelling, urging, pressing, resisting, moving, which tend to begin immediately after the act of the will;

41.31 **insofern wir andererseits die Gewohnheit haben, uns über diese Zweiheit vermöge des synthetischen Begriffs**

inasmuch as, on the other hand, we are in the habit of disregarding, of deceiving ourselves about this duality by means of the synthetic concept of

41.32 **»ich«**

"I,"

41.33 **hinwegzusetzen, hinwegzutäuschen, hat sich an das Wollen noch eine ganze Kette von irrthümlichen Schlüssen und folglich von falschen Werthschätzungen des Willens selbst angehängt, –**

a whole chain of erroneous conclusions and consequently of false estimates of the value of the will itself has attached itself to volition, –

41.34 **dergestalt, dass der Wollende mit gutem Glauben glaubt, Wollen genüge zur Aktion.**

in such a way that the volitional person believes in good faith that volition is sufficient for action.

Weil in den allermeisten Fällen nur gewollt worden   41.35
ist, wo auch die Wirkung des Befehls, also der
Gehorsam, also die Aktion erwartet werden durfte,
so hat sich der Anschein in das Gefühl übersetzt, als
ob es da eine Nothwendigkeit von Wirkung gäbe;
Because in the vast majority of cases volition has only been
exercised where the effect of the command, i.e. obedience,
i.e. action, could be expected, the appearance has been
translated into the feeling as if there were a necessity of
effect;

genug, der Wollende glaubt, mit einem ziemlichen   41.36
Grad von Sicherheit, dass Wille und Aktion
irgendwie Eins seien –,
enough, the volitional person believes, with a fair degree of
certainty, that volition and action are somehow one –

er rechnet das Gelingen, die Ausführung des Wollens   41.37
noch dem Willen selbst zu und geniesst dabei einen
Zuwachs jenes Machtgefühls, welches alles Gelingen
mit sich bringt.
he still attributes the success, the execution of the volition,
to the will itself and thereby enjoys an increase of that
feeling of power which all success brings with it.

»Freiheit des Willens«   41.38
"Freedom of will"

– das ist das Wort für jenen vielfachen Lust-Zustand   41.39
des Wollenden, der befiehlt und sich zugleich mit
dem Ausführenden als Eins setzt, –
– this is the word for that multiple state of pleasure of the
willer who commands and at the same time sets himself as
one with the executor, –

41.40 der als solcher den Triumph über Widerstände mit geniesst, aber bei sich urtheilt, sein Wille selbst sei es, der eigentlich die Widerstände überwinde.

who as such enjoys the triumph over resistance, but judges for himself that it is his will itself that actually overcomes the resistance.

41.41 Der Wollende nimmt dergestalt die Lustgefühle der ausführenden, erfolgreichen Werkzeuge, der dienstbaren

In this way, the willer adds the feelings of pleasure of the executing, successful tools, the servant

41.42 »Unterwillen« oder Unter- Seelen –

"sub-willings" or sub- souls –

41.43 unser Leib ist ja nur ein Gesellschaftsbau vieler Seelen –

our body is, after all, only a social structure of many souls –

41.44 zu seinem Lustgefühle als Befehlender hinzu.

to his feelings of pleasure as the one in command.

41.45 L'effet c'est moi:

L'effet c'est moi:

41.46 es begiebt sich hier, was sich in jedem gut gebauten und glücklichen Gemeinwesen begiebt, dass die regierende Klasse sich mit den Erfolgen des Gemeinwesens identificirt.

what happens here is what happens in every well-built and happy community, that the ruling class identifies itself with the successes of the community.

Bei allem Wollen handelt es sich schlechterdings um Befehlen und Gehorchen, auf der Grundlage, wie gesagt, eines Gesellschaftsbaus vieler   41.47

All volition is, as a matter of fact, a matter of commanding and obeying, on the basis, as I said, of a society built by many

»Seelen«:   41.48

"souls":

weshalb ein Philosoph sich das Recht nehmen sollte, Wollen an sich schon unter den Gesichtskreis der Moral zu fassen: 41.49

which is why a philosopher should take the right to include volition as such within the sphere of morality:

Moral nämlich als Lehre von den Herrschafts-Verhältnissen verstanden, unter denen das Phänomen   41.50

Morality, namely, understood as the doctrine of the relations of domination under which the phenomenon of

»Leben« entsteht. –   41.51

"life" arises. –

— **20** —

43.1 Dass die einzelnen philosophischen Begriffe nichts Beliebiges, nichts Für-sich-Wachsendes sind, sondern in Beziehung und Verwandtschaft zu einander emporwachsen, dass sie, so plötzlich und willkürlich sie auch in der Geschichte des Denkens anscheinend heraustreten, doch eben so gut einem Systeme angehören als die sämmtlichen Glieder der Fauna eines Erdtheils:

That the individual philosophical concepts are nothing arbitrary, nothing growing by themselves, but grow up in relation and kinship to one another, that, however suddenly and arbitrarily they may appear to emerge in the history of thought, they nevertheless belong to a system just as well as all the members of the fauna of a part of the earth:

43.2 das verräth sich zuletzt noch darin, wie sicher die verschiedensten Philosophen ein gewisses Grundschema von möglichen Philosophien immer wieder ausfüllen.

this is finally revealed by the certainty with which the most diverse philosophers repeatedly fill out a certain basic scheme of possible philosophies.

Unter einem unsichtbaren Banne laufen sie immer 43.3
von Neuem noch einmal die selbe Kreisbahn: sie
mögen sich noch so unabhängig von einander mit
ihrem kritischen oder systematischen Willen fühlen:
irgend Etwas in ihnen führt sie, irgend Etwas treibt
sie in bestimmter Ordnung hinter einander her, eben
jene eingeborne Systematik und Verwandtschaft der
Begriffe.

Under an invisible spell they run the same orbit again and
again: no matter how independent of each other they may
feel their critical or systematic will, something in them
leads them, something drives them after each other in a
certain order, precisely that in-built systematization and
relationship of concepts.

Ihr Denken ist in der That viel weniger ein Entdecken, 43.4
als ein Wiedererkennen, Wiedererinnern, eine Rück
- und Heimkehr in einen fernen uralten Gesammt-
Haushalt der Seele, aus dem jene Begriffe einstmals
herausgewachsen sind:

Their thinking is in fact much less a discovery than a
recognition, a recollection, a return and homecoming
to a distant, ancient collective household of the soul from
which those concepts once grew:

– Philosophiren ist insofern eine Art von Atavismus 43.5
höchsten Ranges.

– In this respect, philosophizing is a kind of atavism of the
highest order.

Die wunderliche Familien-Ahnlichkeit alles 43.6
indischen, griechischen, deutschen Philosophirens
erklärt sich einfach genug.

The strange family resemblance of all Indian, Greek and
German philosophizing is easy enough to explain.

43.7 **Gerade, wo Sprach-Verwandtschaft vorliegt, ist es gar nicht zu vermeiden, dass, Dank der gemeinsamen Philosophie der Grammatik –**

Especially where linguistic affinity exists, it cannot be avoided that, thanks to the common philosophy of grammar –

43.8 **ich meine Dank der unbewussten Herrschaft und Führung durch gleiche grammatische Funktionen –**

I mean thanks to the unconscious domination and guidance by the same grammatical functions –

43.9 **von vornherein Alles für eine gleichartige Entwicklung und Reihenfolge der philosophischen Systeme vorbereitet liegt:**

everything is prepared from the outset for a similar development and sequence of philosophical systems:

43.10 **ebenso wie zu gewissen andern Möglichkeiten der Welt-Ausdeutung der Weg wie abgesperrt erscheint.**

just as the way to certain other possibilities of interpreting the world appears to be closed off.

43.11 **Philosophen des ural-altaischen Sprachbereichs (in dem der Subjekt-Begriff am schlechtesten entwickelt ist) werden mit grosser Wahrscheinlichkeit anders**

Philosophers of the Ural-Altaic language area (in which the concept of the subject is the least developed) will in all probability look differently

43.12 **»in die Welt«**

"into the world"

43.13 **blicken und auf andern Pfaden zu finden sein, als Indogermanen oder Muselmänner:**

and be found on different paths than Indo-Europeans or Muslims:

der Bann bestimmter grammatischer Funktionen ist im letzten Grunde der Bann physiologischer Werthurtheile und Rasse-Bedingungen. 43.14

the ban on certain grammatical functions is ultimately the ban on physiological value judgments and racial conditions.

– So viel zur Zurückweisung von Locke's Oberflächlichkeit in Bezug auf die Herkunft der Ideen. 43.15

– So much for the rejection of Locke's superficiality with regard to the origin of ideas.

— 21 —

Die causa sui ist der beste Selbst-Widerspruch, der bisher ausgedacht worden ist, eine Art logischer Nothzucht und Unnatur: 45.1

The causa sui is the best self-contradiction that has yet been devised, a kind of logical necessity and unnaturalness:

aber der ausschweifende Stolz des Menschen hat es dahin gebracht, sich tief und schrecklich gerade mit diesem Unsinn zu verstricken. 45.2

but man's extravagant pride has led him to become deeply and terribly entangled in this very nonsense.

Das Verlangen nach 45.3

The desire for

45.4 »Freiheit des Willens«, in jenem metaphysischen Superlativ-Verstande, wie er leider noch immer in den Köpfen der Halb-Unterrichteten herrscht, das Verlangen, die ganze und letzte Verantwortlichkeit für seine Handlungen selbst zu tragen und Gott, Welt, Vorfahren, Zufall, Gesellschaft davon zu entlasten, ist nämlich nichts Geringeres, als eben jene causa sui zu sein und, mit einer mehr als Münchhausen'schen Verwegenheit, sich selbst aus dem Sumpf des Nichts an den Haaren in's Dasein zu ziehn.

"freedom of the will", in that metaphysical superlative sense which unfortunately still prevails in the minds of the half-instructed, the desire to bear the entire and ultimate responsibility for one's own actions and to relieve God, the world, ancestors, chance and society of it, is nothing less than being that very causa sui and, with more than Münchhausen-like audacity, pulling oneself out of the swamp of nothingness into existence by one's hair.

45.5 Gesetzt, Jemand kommt dergestalt hinter die bäurische Einfalt dieses berühmten Begriffs

Assuming that someone comes to understand the bourgeois simplicity of this famous term

45.6 »freier Wille«

"free will"

45.7 und streicht ihn aus seinem Kopfe, so bitte ich ihn nunmehr, seine

in this way and removes it from his mind, I now ask him to take his

45.8 »Aufklärung«

"enlightenment"

noch um einen Schritt weiter zu treiben und auch die Umkehrung jenes Unbegriffs

45.9

one step further and also remove the inversion of that non-term

»freier Wille« aus seinem Kopfe zu streichen: ich meine den

45.10

"free will" from his mind: I mean the

»unfreien Willen«,

45.11

"unfree will",

der auf einen Missbrauch von Ursache und Wirkung hinausläuft.

45.12

which amounts to an abuse of cause and effect.

Man soll nicht »Ursache« und »Wirkung«

45.13

One should not erroneously reify "cause" and "effect"

fehlerhaft verdinglichen, wie es die Naturforscher thun (und wer gleich ihnen heute im Denken naturalisirt –)

45.14

as natural scientists do (and whoever naturalizes thinking like them today –)

gemäss der herrschenden mechanistischen Tölpelei, welche die Ursache drücken und stossen lässt, bis sie

45.15

according to the prevailing mechanistic doltishness, which lets the cause push and prod until it

»Wirkt«;

45.16

"works";

45.17　man soll sich der »Ursache«, der »Wirkung«
eben nur als reiner Begriffe bedienen, das heisst
als conventioneller Fiktionen zum Zweck der
Bezeichnung, der Verständigung, nicht der
Erklärung.

one should use "cause" and "effect" only as pure concepts,
that is, as conventional fictions for the purpose of
designation, of understanding, not of explanation.

45.18　Im »An-sich« giebt es nichts von »Causal-Verbänden«,
von »Nothwendigkeit«, von »psychologischer
Unfreiheit«, da folgt nicht »die Wirkung auf die
Ursache«, das regiert kein »Gesetz«.

In the "in itself" there is nothing of "causal associations",
of "necessity", of "psychological lack of freedom", there the
"effect does not follow the cause", no "law" governs it.

45.19　Wir sind es, die allein die Ursachen, das
Nacheinander, das Für-einander, die Relativität,
den Zwang, die Zahl, das Gesetz, die Freiheit, den
Grund, den Zweck erdichtet haben;

It is we alone who have invented the causes, the succession,
the for-one-another, the relativity, the compulsion, the
number, the law, the freedom, the reason, the purpose;

45.20　und wenn wir diese Zeichen-Welt als »an sich« in die
Dinge hineindichten, hineinmischen, so treiben wir
es noch einmal, wie wir es immer getrieben haben,
nämlich mythologisch.

and when we invent, mix this world of signs into things
as "in itself", we do it once again as we have always done it,
namely mythologically.

45.21　Der »unfreie Wille« ist Mythologie:
The "unfree will" is mythology:

im wirklichen Leben handelt es sich nur um starken
und schwachen Willen.

45.22

in real life it is only a matter of strong and weak will.

– Es ist fast immer schon ein Symptom davon, wo es
bei ihm selber mangelt, wenn ein Denker bereits in
aller »Causal-Verknüpfung« und »psychologischer
Nothwendigkeit« etwas von Zwang, Noth, Folgen-
Müssen, Druck, Unfreiheit herausfühlt:

45.23

– It is almost always already a symptom of where it is
lacking in itself when a thinker already feels something
of compulsion, necessity, the need to follow, pressure, lack
of freedom in all "causal connection" and "psychological
necessity":

es ist verrätherisch, gerade so zu fühlen, –

45.24

it is unethereal to feel just like that –

die Person verräth sich.

45.25

the person unravels.

Und überhaupt wird, wenn ich recht beobachtet
habe, von zwei ganz entgegengesetzten Seiten aus,
aber immer auf eine tief persönliche Weise die

45.26

And in general, if I have observed correctly, the

»Unfreiheit des Willens«

45.27

"lack of freedom of the will"

als Problem gefasst:

45.28

is conceived as a problem from two quite opposite sides, but
always in a deeply personal way:

die Einen wollen um keinen Preis ihre

45.29

some do not want at any price to abandon their

45.30 »Verantwortlichkeit«, den Glauben an sich, das persönliche Anrecht auf ihr Verdienst fahren lassen (die eitlen Rassen gehören dahin –) ;

"responsibility", their belief in themselves, their personal right to their merit (the vain races belong there –) ;

45.31 die Anderen wollen umgekehrt nichts verantworten, an nichts schuld sein und verlangen, aus einer innerlichen Selbst-Verachtung heraus, sich selbst irgend wohin abwälzen zu können.

others, conversely, do not want to be responsible for anything, to be guilty of anything and demand, out of an inner self-contempt, to be able to shift themselves off somewhere.

45.32 Diese Letzteren pflegen sich, wenn sie Bücher schreiben, heute der Verbrecher anzunehmen;

When they write books, the latter are in the habit today of taking on the criminals;

45.33 eine Art von socialistischem Mitleiden ist ihre gefälligste Verkleidung.

a kind of socialist compassion is their most pleasing disguise.

45.34 Und in der That, der Fatalismus der Willensschwachen verschönert sich erstaunlich, wenn er sich als »la religion de la souffrance humaine« einzuführen versteht:

And indeed, the fatalism of the weak-willed is astonishingly embellished when it knows how to introduce itself as "la religion de la souffrance humaine":

45.35 es ist sein »guter Geschmack«.

it is its "good taste".

— **22** —

Man vergebe es mir als einem alten Philologen, der
von der Bosheit nicht lassen kann, auf schlechte
Interpretations-Künste den Finger zu legen –

47.1

Forgive me as an old philologist who cannot refrain from
the malice of putting his finger on bad interpretative arts –

aber jene »Gesetzmässigkeit der Natur«, von der ihr
Physiker so stolz redet, wie als ob –

47.2

but that "lawfulness of nature" of which you physicists
speak so proudly as if –

– besteht nur Dank eurer Ausdeutung und schlechten

47.3

– only exists thanks to your interpretation and bad

»Philologie«, – sie ist kein Thatbestand, kein

47.4

"philology", – it is not a fact, not a

»Text«, vielmehr nur eine naiv-humanitäre
Zurechtmachung und Sinnverdrehung, mit der ihr
den demokratischen Instinkten der modernen Seele
sattsam entgegenkommt!

47.5

"text", rather only a naive-humanitarian correction
and twisting of meaning with which you are fully
accommodating the democratic instincts of the modern
soul!

»Überall Gleichheit vor dem Gesetz, –

47.6

"Equality before the law everywhere –

die Natur hat es darin nicht anders und nicht besser
als wir«:

47.7

nature has it no different and no better than we do":

47.8 ein artiger Hintergedanke, in dem noch einmal die pöbelmännische Feindschaft gegen alles Bevorrechtete und Selbstherrliche, insgleichen ein zweiter und feinerer Atheismus verkleidet liegt.

a neat ulterior motive that once again disguises the rabble-rousing hostility to all that is privileged and self-important, and at the same time a second and more subtle atheism.

47.9 Ni dieu, ni maître«

Ni dieu, ni maître"

47.10 – so wollt auch ihr's – und darum

– that's how you want it too – and therefore

47.11 »hoch das Naturgesetz!« – nicht wahr?

"high the law of nature!" – is it not?

47.12 Aber, wie gesagt, das ist Interpretation, nicht Text;

But, as I said, this is interpretation, not text;

47.13 und es könnte Jemand kommen, der, mit der entgegengesetzten Absicht und Interpretationskunst, aus der gleichen Natur und im Hinblick auf die gleichen Erscheinungen, gerade die tyrannisch-rücksichtenlose und unerbittliche Durchsetzung von Machtansprüchen herauszulesen verstünde, – ein Interpret, der die Ausnahmslosigkeit und Unbedingtheit in allem

and someone could come along who, with the opposite intention and art of interpretation, would be able to read out of the same nature and with regard to the same phenomena, precisely the tyrannical, ruthless and relentless assertion of claims to power - an interpreter who would present to you the unexceptional and unconditional in all

47.14 »Willen zur Macht«

"will to power"

dermaassen euch vor Augen stellte, dass fast jedes Wort und selbst das Wort

47.15

to such an extent that almost every word and even the word

»Tyrannei«

47.16

"tyranny"

schliesslich unbrauchbar oder schon als schwächende und mildernde Metapher – als zu menschlich – erschiene;

47.17

would finally appear useless or already as a weakening and mitigating metaphor - as too human;

und der dennoch damit endete, das Gleiche von dieser Welt zu behaupten, was ihr behauptet, nämlich dass sie einen

47.18

and who nevertheless ended by asserting the same of this world that you assert, namely that it has a

»nothwendigen« und »berechenbaren«

47.19

"necessary" and "calculable"

Verlauf habe, aber nicht, weil Gesetze in ihr herrschen, sondern weil absolut die Gesetze fehlen, und jede Macht in jedem Augenblicke ihre letzte Consequenz zieht.

47.20

course, but not because laws prevail in it, but because laws are absolutely absent, and every power draws its final consequence at every moment.

Gesetzt, dass auch dies nur Interpretation ist –

47.21

Suppose that this too is only interpretation –

und ihr werdet eifrig genug sein, dies einzuwenden? – nun,

47.22

and you will be eager enough to object? – well,

47.23 **um so besser. –**

so much the better. –

— **23** —

49.1 **Die gesammte Psychologie ist bisher an moralischen Vorurtheilen und Befürchtungen hängen geblieben:**

The whole of psychology has hitherto stuck to moral prejudices and fears:

49.2 **sie hat sich nicht in die Tiefe gewagt.**

it has not ventured into depth.

49.3 **Dieselbe als Morphologie und Entwicklungslehre des Willens zur Macht zufassen,**

To grasp it as the morphology and developmental doctrine of the will to power,

49.4 **wie ich sie fasse –**

as I grasp it –

49.5 **daran hat noch Niemand in seinen Gedanken selbst gestreift:**

no one has yet touched upon this in his own thoughts:

49.6 **sofern es nämlich erlaubt ist, in dem, was bisher geschrieben wurde, ein Symptom von dem, was bisher verschwiegen wurde, zu erkennen.**

to the extent that it is permissible to recognize in what has been written so far a symptom of what has been concealed up to now.

Die Gewalt der moralischen Vorurtheile ist tief in die geistigste,

49.7

The power of moral prejudices has penetrated deep into the most spiritual,

in die anscheinend kälteste und voraussetzungsloseste Welt gedrungen –

49.8

into the apparently coldest and most unconditional world –

und, wie es sich von selbst versteht, schädigend, hemmend, blendend, verdrehend.

49.9

and, as is self-evident, it is damaging, inhibiting, blinding, distorting.

Eine eigentliche Physio-Psychologie hat mit unbewussten Widerständen im Herzen des Forschers zu kämpfen,

49.10

An actual physio-psychology has to struggle with unconscious resistance in the heart of the researcher,

sie hat »das Herz« gegen sich:

49.11

it has "the heart" against it:

schon eine Lehre von der gegenseitigen Bedingtheit der »guten«

49.12

even a doctrine of the mutual conditionality of the "good"

und der »schlimmen«

49.13

and the "bad"

Triebe, macht, als feinere Immoralität, einem noch kräftigen und herzhaften Gewissen Noth und Überdruss, –

49.14

instincts, as a finer immorality, causes distress and weariness to an even stronger and heartier conscience, –

49.15 noch mehr eine Lehre von der Ableitbarkeit aller guten Triebe aus den schlimmen.

even more so a doctrine of the derivability of all good instincts from the bad ones.

49.16 Gesetzt aber, Jemand nimmt gar die Affekte Hass, Neid, Habsucht, Herrschsucht als lebenbedingende Affekte, als Etwas, das im Gesammt-Haushalte des Lebens grundsätzlich und grundwesentlich vorhanden sein muss, folglich noch gesteigert werden muss, falls das Leben noch gesteigert werden soll, –

Suppose, however, that someone even takes the affects of hatred, envy, covetousness, and imperiousness as life-conditioning affects, as something that must be fundamentally and essentially present in the whole household of life, and consequently must be increased if life is to be increased still further, –

49.17 der leidet an einer solchen Richtung seines Urtheils wie an einer Seekrankheit.

he suffers from such a direction of his judgment as from seasickness.

49.18 Und doch ist auch diese Hypothese bei weitem nicht die peinlichste und fremdeste in diesem ungeheuren fast noch neuen Reiche gefährlicher Erkenntnisse:

And yet even this hypothesis is by no means the most embarrassing and strangest in this immense, almost still new realm of dangerous knowledge:

49.19 – und es giebt in der That hundert gute Gründe dafür, dass Jeder von ihm fernbleibt, der es –

– and there are in fact a hundred good reasons why anyone who can –

kann! Andrerseits: ist man einmal mit seinem Schiffe 49.20
hierhin verschlagen, nun! wohlan! jetzt tüchtig die
Zähne zusammengebissen! die Augen aufgemacht!
die Hand fest am Steuer! –
should stay away from it! On the other hand, once you've
found your way here with your ship, well! now grit your
teeth! open your eyes! keep your hand firmly on the
wheel! –

wir fahren geradewegs über die Moral weg, wir 49.21
erdrücken, wir zermalmen vielleicht dabei unsren
eignen Rest Moralität, indem wir dorthin unsre Fahrt
machen und wagen, –
we sail straight over morality, we crush, we perhaps crush
our own remnants of morality in the process, by making
and daring our journey there, –

aber was liegt an uns! 49.22
but what is up to us!

Niemals noch hat sich verwegenen Reisenden und 49.23
Abenteurern eine tiefere Welt der Einsicht eröffnet:
Never before has a deeper world of insight opened up to
daring travelers and adventurers:

und der Psychologe, welcher dergestalt »Opfer 49.24
bringt«
and the psychologist, who in this way "makes sacrifices"

– es ist nicht das sacrifizio dell'intelletto, im 49.25
Gegentheil!
– it is not the sacrifizio dell'intelletto, on the contrary!

49.26 – wird zum Mindesten dafür verlangen dürfen, dass die Psychologie wieder als Herrin der Wissenschaften anerkannt werde, zu deren Dienste und Vorbereitung die übrigen Wissenschaften da sind.

– may at least demand that psychology be recognized again as the mistress of the sciences, for whose service and preparation the other sciences are there.

49.27 Denn Psychologie ist nunmehr wieder der Weg zu den Grundproblemen.

For psychology is now once again the path to the fundamental problems.

Zweites Hauptstück: Der freie Geist.

Second Main Section: The Free Spirit.

— **24** —

2.1   O sancta simplicitas!

O sancta simplicitas!

2.2   In welcher seltsamen Vereinfachung und Fälschung lebt der Mensch!

In what a strange simplification and falsification man lives!

2.3   Man kann sich nicht zu Ende wundern, wenn man sich erst einmal die Augen für dies Wunder eingesetzt hat!

One cannot cease to wonder once one has opened one's eyes to this wonder!

2.4   Wie haben wir Alles um uns hell und frei und leicht und einfach gemacht!

How we have made everything around us bright and free and light and simple!

wie wussten wir unsern Sinnen einen Freipass für alles Oberflächliche,

2.5

how we knew how to give our senses a free pass for everything superficial,

unserm Denken eine göttliche Begierde nach muthwilligen Sprüngen und Fehlschlüssen zu geben!

2.6

our thinking a divine desire for willful leaps and false conclusions!

– wie haben wir es von Anfang an verstanden, uns unsre Unwissenheit zu erhalten, um eine kaum begreifliche Freiheit, Unbedenklichkeit, Unvorsichtigkeit, Herzhaftigkeit, Heiterkeit des Lebens, um das Leben zu geniessen!

2.7

– How did we understand from the very beginning how to preserve our ignorance in order to enjoy a barely comprehensible freedom, thoughtlessness, cautiousness, cheerfulness, serenity of life!

Und erst auf diesem nunmehr festen und granitnen Grunde von Unwissenheit durfte sich bisher die Wissenschaft erheben, der Wille zum Wissen auf dem Grunde eines viel gewaltigeren Willens, des Willens zum Nicht-wissen, zum Ungewissen, zum Unwahren!

2.8

And only on this now solid and granite foundation of ignorance has science been allowed to rise, the will to knowledge on the foundation of a much more powerful will, the will to not-know, to the uncertain, to the untrue!

Nicht als sein Gegensatz, sondern – als seine Verfeinerung!

2.9

Not as its antithesis, but – as its refinement!

2.10 Mag nämlich auch die Sprache, hier wie anderwärts,
nicht über ihre Plumpheit hinauskönnen und
fortfahren, von Gegensätzen zu reden, wo es nur
Grade und mancherlei Feinheit der Stufen giebt;

For even language, here as elsewhere, may not be able
to transcend its clumsiness and continue to speak of
opposites where there are only degrees and various degrees
of subtlety;

2.11 mag ebenfalls die eingefleischte Tartüfferie der
Moral, welche jetzt zu unserm unüberwindlichen
»Fleisch und Blut« gehört, uns Wissenden selbst die
Worte im Munde umdrehen:

even the inveterate tartufery of morality, which is now
part of our insurmountable "flesh and blood", may turn the
words around in the mouths of those of us who know:

2.12 hier und da begreifen wir es und lachen darüber, wie
gerade noch die beste Wissenschaft uns am besten in
dieser vereinfachten, durch und durch künstlichen,
zurecht gedichteten, zurecht gefälschten Welt
festhalten will, wie sie unfreiwillig-willig den
Irrthum liebt, weil sie, die Lebendige, – das Leben
liebt!

here and there we realize and laugh at how even the best
science wants to keep us best in this simplified, thoroughly
artificial, rightly constructed, rightly falsified world, how it
involuntarily and willingly loves error because it, the living
one, loves life!

— 25 —

Nach einem so fröhlichen Eingang möchte ein ernstes Wort nicht überhört werden: 4.1

After such a cheerful introduction, a serious word should not be overlooked:

es wendet sich an die Ernstesten. 4.2

it is addressed to the most serious.

Seht euch vor, ihr Philosophen und Freunde der Erkenntniss, und hütet euch vor dem Martyrium! 4.3

Beware, philosophers and friends of knowledge, and beware of martyrdom!

Vor dem Leiden »um der Wahrheit willen!« 4.4

From suffering "for the sake of truth!"

Selbst vor der eigenen Vertheidigung! 4.5

Even from defending yourselves!

Es verdirbt eurem Gewissen alle Unschuld und feine Neutralität, es macht euch halsstarrig gegen Einwände und rothe Tücher, es verdummt, verthiert und verstiert, wenn ihr im Kampfe mit Gefahr, Verlästerung, Verdächtigung, Ausstossung und noch gröberen Folgen der Feindschaft, zuletzt euch gar als Vertheidiger der Wahrheit auf Erden ausspielen müsst: 4.6

It corrupts all innocence and fine neutrality in your conscience, it makes you stiff-necked against objections and red cloths, it stultifies, etherealizes and obfuscates, if in the battle with danger, blasphemy, suspicion, outcasting and even greater consequences of enmity, you finally even have to play yourselves off as defenders of the truth on earth:

4.7 – als ob »die Wahrheit«

– as if "the truth"

4.8 eine so harmlose und täppische Person wäre, dass sie
Vertheidiger nöthig hätte!

were such a harmless and foolish person that it needed
defenders!

4.9 und gerade euch, ihr Ritter von der traurigsten
Gestalt, meine Herren Eckensteher und Spinneweber
des Geistes!

and you of all people, you knights of the saddest guise, my
lords of the corners and spinners of the mind!

4.10 Zuletzt wisst ihr gut genug, dass nichts daran liegen
darf, ob gerade ihr Recht behaltet, ebenfalls dass
bisher noch kein Philosoph Recht behalten hat, und
dass eine preiswürdigere Wahrhaftigkeit in jedem
kleinen Fragezeichen liegen dürfte, welches ihr
hinter eure Leibworte und Lieblingslehren (und
gelegentlich hinter euch selbst) setzt, als in allen
feierlichen Gebärden und Trümpfen vor Anklägern
und Gerichtshöfen!

After all, you know well enough that there can be no
question of your being right, nor that no philosopher has
yet been right, and that a more praiseworthy truthfulness
may lie in every little question mark that you place behind
your favorite words and doctrines (and occasionally behind
yourselves) than in all solemn gestures and trumps before
accusers and courts of law!

4.11 Geht lieber bei Seite! Flieht in's Verborgene!

Better stand aside! Flee into hiding!

4.12 Und habt eure Maske und Feinheit, dass man euch
verwechsele!

And have your mask and subtlety, that you may be
mistaken!

Oder ein Wenig fürchte! Und vergesst mir den Garten nicht,   4.13

Or fear you a little! And don't forget the garden,

den Garten mit goldenem Gitterwerk!   4.14

the garden with golden latticework!

Und habt Menschen um euch, die wie ein Garten sind, –   4.15

And have people around you who are like a garden, –

oder wie Musik über Wassern, zur Zeit des Abends, wo der Tag schon zur Erinnerung wird: 4.16

or like music over water, at the time of evening, when the day is already a memory:

– wählt die gute Einsamkeit, die freie muthwillige leichte Einsamkeit, welche euch auch ein Recht giebt, selbst in irgend einem Sinne noch gut zu bleiben!   4.17

– choose the good solitude, the free, willful, easy solitude, which also gives you a right to remain good in some sense!

Wie giftig, wie listig, wie schlecht macht jeder lange Krieg, der sich nicht mit offener Gewalt führen lässt!   4.18

How poisonous, how cunning, how bad is any long war that cannot be waged with open violence!

Wie persönlich macht eine lange Furcht, ein langes Augenmerk auf Feinde, auf mögliche Feinde!   4.19

How personal is a long fear, a long focus on enemies, on possible enemies!

Diese Ausgestossenen der Gesellschaft, diese Lang-Verfolgten, Schlimm- Gehetzten, –   4.20

These outcasts of society, these long-persecuted, badly-harassed people –

4.21 **auch die Zwangs-Einsiedler,**
even the forced hermits,

4.22 **die Spinoza's oder Giordano Bruno's –**
Spinoza's or Giordano Bruno's –

4.23 **werden zuletzt immer, und sei es unter der geistigsten Maskerade, und vielleicht ohne dass sie selbst es wissen, zu raffinirten Rachsüchtigen und Giftmischern (man grabe doch einmal den Grund der Ethik und Theologie Spinoza's auf!)**
always end up, even if under the most spiritual masquerade, and perhaps without themselves knowing it, becoming cunning revenge-seekers and poisoners (just dig up the basis of Spinoza's ethics and theology!)

4.24 **– gar nicht zu reden von der Tölpelei der moralischen Entrüstung, welche an einem Philosophen das unfehlbare Zeichen dafür ist, dass ihm der philosophische Humor davon lief.**
– not to speak of the doltishness of moral indignation, which in a philosopher is the infallible sign that philosophical humor has run away from him.

4.25 **Das Martyrium des Philosophen, seine**
The philosopher's martyrdom, his

4.26 **»Aufopferung für die Wahrheit«**
"sacrifice for the truth"

4.27 **zwingt an's Licht heraus, was vom Agitator und vom Schauspieler in ihm steckte;**
forces out into the light what was in him of the agitator and the actor;

und gesetzt, dass man ihm nur mit einer artistischen Neugierde bisher zugeschaut hat, so kann in Bezug auf manchen Philosophen der gefährliche Wunsch freilich begreiflich sein, ihn auch einmal in seiner Entartung zu sehn (entartet zum

4.28

and assuming that one has only watched him with an artistic curiosity up to now, the dangerous desire to see him in his degeneration (degenerated into a

»Märtyrer«,

4.29

"martyr",

zum Bühnen - und Tribünen-Schreihals).

4.30

into a stage and tribune screamer) can of course be understandable with regard to some philosophers.

Nur dass man sich, mit einem solchen Wunsche, darüber klar sein muss, was man jedenfalls dabei zu sehen bekommen wird:

4.31

Only that, with such a wish, one must be clear about what one will get to see in any case:

– nur ein Satyrspiel, nur eine Nachspiel-Farce, nur den fortwährenden Beweis dafür, dass die lange eigentliche Tragödie zu Ende ist:

4.32

– only a satyr play, only an aftermath farce, only the continuous proof that the long actual tragedy is over:

vorausgesetzt, dass jede Philosophie im Entstehen eine lange Tragödie war. –

4.33

provided that every philosophy in its genesis was a long tragedy. –

94

— 26 —

6.1 Jeder auserlesene Mensch trachtet instinktiv nach seiner Burg und Heimlichkeit, wo er von der Menge, den Vielen, den Allermeisten erlöst ist, wo er die Regel

Every exquisite human being instinctively strives for his castle and secrecy, where he is redeemed from the crowd, the many, the vast majority, where he may forget the rule

6.2 »Mensch« vergessen darf, als deren Ausnahme:

"human being" as its exception:

6.3 – den Einen Fall ausgenommen, dass er von einem noch stärkeren Instinkte geradewegs auf diese Regel gestossen wird, als Erkennender im grossen und ausnahmsweisen Sinne.

– except in the one case that he is thrust straight onto this rule by an even stronger instinct, as a recognizer in the great and exceptional sense.

6.4 Wer nicht im Verkehr mit Menschen gelegentlich in allen Farben der Noth, grün und grau vor Ekel, Überdruss, Mitgefühl, Verdüsterung, Vereinsamung schillert, der ist gewiss kein Mensch höheren Geschmacks;

He who, in his intercourse with men, does not occasionally shimmer in all colors of distress, green and gray with disgust, weariness, compassion, gloom, loneliness, is certainly not a man of higher taste;

gesetzt aber, er nimmt alle diese Last und Unlust nicht freiwillig auf sich, er weicht ihr immerdar aus und bleibt, wie gesagt, still und stolz auf seiner Burg versteckt, nun, so ist Eins gewiss: 6.5

but if he does not voluntarily take all this burden and unpleasantness upon himself, if he always avoids it and remains, as I said, quietly and proudly hidden in his castle, then one thing is certain:

er ist zur Erkenntniss nicht gemacht, nicht vorherbestimmt. 6.6

he is not made for knowledge, not predestined.

Denn als solcher würde er eines Tages sich sagen müssen 6.7

For, as such, he would one day have to say to himself

»hole der Teufel meinen guten Geschmack! 6.8

"fetch the devil my good taste!

aber die Regel ist interessanter als die Ausnahme, – als ich, 6.9

but the rule is more interesting than the exception, – than I,

die Ausnahme!« – und würde sich hinab begeben, vor Allem 6.10

the exception!" – and would go down, above all

»hinein«. 6.11

"into it".

6.12 Das Studium des durchschnittlichen Menschen, lang, ernsthaft, und zu diesem Zwecke viel Verkleidung, Selbstüberwindung, Vertraulichkeit, schlechter Umgang –

The study of the average man, long, earnest, and for this purpose much disguise, self-conquest, confidentiality, bad company –

6.13 jeder Umgang ist schlechter Umgang ausser dem mit Seines-Gleichen – :

all company is bad company except that with his equals – :

6.14 das macht ein nothwendiges Stück der Lebensgeschichte jedes Philosophen aus, vielleicht das unangenehmste, übelriechendste, an Enttäuschungen reichste Stück.

this constitutes a necessary part of the life-story of every philosopher, perhaps the most unpleasant, the most malodorous, the richest in disappointments.

6.15 Hat er aber Glück, wie es einem Glückskinde der Erkenntniss geziemt, so begegnet er eigentlichen Abkürzern und Erleichterern seiner Aufgabe, –

But if he is lucky, as befits a lucky child of knowledge, he encounters actual abbreviators and facilitators of his task, –

6.16 ich meine sogenannten Cynikern, also Solchen, welche das Thier, die Gemeinheit, die

I mean so-called cynics, that is, those who simply recognize the animal, the vulgarity, the

6.17 »Regel«

"rule"

6.18 an sich einfach anerkennen und dabei noch jenen Grad von Geistigkeit und Kitzel haben,

in itself,

um über sich und ihres Gleichen vor Zeugen reden zu müssen:

6.19

and at the same time still have that degree of spirituality and titillation to have to speak about themselves and their equals before witnesses:

– mitunter wälzen sie sich sogar in Büchern wie auf ihrem eignen Miste.

6.20

– sometimes they even roll in books as if on their own dung.

Cynismus ist die einzige Form, in welcher gemeine Seelen an Das streifen, was Redlichkeit ist;

6.21

Cynicism is the only form in which common souls touch upon what is honesty;

und der höhere Mensch hat bei jedem gröberen und feineren Cynismus die Ohren aufzumachen und sich jedes Mal Glück zu wünschen, wenn gerade vor ihm der Possenreisser ohne Scham oder der wissenschaftliche Satyr laut werden.

6.22

and the superior man has to open his ears to every coarser and finer cynicism and wish himself luck every time when the unashamed buffoon or the scientific satyr speaks out before him.

Es giebt sogar Fälle, wo zum Ekel sich die Bezauberung mischt:

6.23

There are even cases where disgust is mixed with enchantment:

6.24 da nämlich, wo an einen solchen indiskreten Bock und Affen, durch eine Laune der Natur, das Genie gebunden ist, wie bei dem Abbé Galiani, dem tiefsten, scharfsichtigsten und vielleicht auch schmutzigsten Menschen seines Jahrhunderts –

where genius is bound to such an indiscreet goat and monkey by a freak of nature, as with the Abbé Galiani, the deepest, most perceptive and perhaps also the dirtiest man of his century –

6.25 er war viel tiefer als Voltaire und folglich auch ein gut Theil schweigsamer.

he was much deeper than Voltaire and consequently also a good deal more silent.

6.26 Häufiger schon geschieht es, dass, wie angedeutet, der wissenschaftliche Kopf auf einen Affenleib, ein feiner Ausnahme-Verstand auf eine gemeine Seele gesetzt ist, –

It happens more frequently that, as mentioned above, the scientific head is placed on a monkey's body, a fine, exceptional mind on a common soul –

6.27 unter Ärzten und Moral-Physiologen namentlich kein seltenes Vorkommniss.

not an uncommon occurrence among doctors and moral physiologists.

6.28 Und wo nur Einer ohne Erbitterung, vielmehr harmlos vom Menschen redet als von einem Bauche mit zweierlei Bedürfnissen und einem Kopfe mit Einem;

And where only one person speaks without bitterness, rather harmlessly, of man as a belly with two needs and a head with one;

überall wo Jemand immer nur Hunger, Geschlechts- 6.29
Begierde und Eitelkeit sieht, sucht und sehn will, als
seien es die eigentlichen und einzigen Triebfedern
der menschlichen Handlungen;

everywhere where someone always sees, seeks and wants to
see only hunger, sexual desire and vanity as if they were the
actual and only driving forces of human actions;

kurz, wo man »schlecht« vom Menschen redet – 6.30

in short, where one speaks "badly" of man –

und nicht einmal schlimm –, 6.31

and not even badly –

da soll der Liebhaber der Erkenntniss fein und fleissig 6.32
hinhorchen, er soll seine Ohren überhaupt dort
haben, wo ohne Entrüstung geredet wird.

the lover of knowledge should listen carefully and
diligently, he should have his ears at all where people
speak without indignation.

Denn der entrüstete Mensch, und wer immer mit 6.33
seinen eignen Zähnen sich selbst (oder, zum Ersatz
dafür, die Welt, oder Gott, oder die Gesellschaft)
zerreisst und zerfleischt, mag zwar moralisch
gerechnet, höher stehn als der lachende und
selbstzufriedene Satyr, in jedem anderen Sinne
aber ist er der gewöhnlichere, gleichgültigere,
unbelehrendere Fall.

For the indignant man, and whoever tears and rends
himself (or, as a substitute, the world, or God, or society) to
pieces with his own teeth, may indeed, morally speaking,
stand higher than the laughing and self-satisfied satyr,
but in every other sense he is the more ordinary, more
indifferent, more uninstructive case.

6.34 **Und Niemand lügt soviel als der Entrüstete. –**
And no one lies so much as the indignant. –

— 27 —

8.1 **Es ist schwer, verstanden zu werden:**
It is difficult to be understood:

8.2 **besonders wenn man gangasrotogati denkt und lebt,
unter lauter Menschen, welche anders denken und
leben, nämlich kurmagati oder besten Falles,**
especially when one thinks and lives gangasrotogati,
among people who think and live differently, namely
kurmagati or, at best,

8.3 **»nach der Gangart des Frosches« mandeikagati –**
"according to the frog's gait" mandeikagati –

8.4 **ich thue eben Alles, um selbst schwer verstanden zu
werden?**
I do everything to be difficult to understand myself?

8.5 **– und man soll schon für den guten Willen zu einiger
Feinheit der Interpretation von Herzen erkenntlich
sein.**
– and one should be heartily appreciative of the good will
for some subtlety of interpretation.

8.6 **Was aber »die guten Freunde« anbetrifft,**
But as far as "good friends" are concerned,

welche immer zu bequem sind und gerade als Freunde ein Recht auf Bequemlichkeit zu haben glauben:

8.7

who are always too comfortable and believe they have a right to comfort precisely because they are friends:

so thut man gut, ihnen von vornherein einen Spielraum und Tummelplatz des Missverständnisses zuzugestehn:

8.8

it is a good idea to allow them room for maneuver and a playground for misunderstanding from the outset:

– so hat man noch, zu lachen;

8.9

– so one still has time to laugh;

– oder sie ganz abzuschaffen, diese guten Freunde, –

8.10

– or to do away with them altogether, these good friends, –

und auch zu lachen!

8.11

and to laugh too!

— **28** —

Was sich am schlechtesten aus einer Sprache in die andere übersetzen lässt, ist das tempo ihres Stils:

10.1

What is most difficult to translate from one language into another is the tempo of its style:

als welcher im Charakter der Rasse seinen Grund hat, physiologischer gesprochen, im Durchschnitts-tempo ihres

10.2

as which has its basis in the character of the race, more physiologically speaking, in the average tempo of its

10.3 »Stoffwechsels«.

"metabolism".

10.4 Es giebt ehrlich gemeinte Übersetzungen, die beinahe Fälschungen sind, als unfreiwillige Vergemeinerungen des Originals, bloss weil sein tapferes und lustiges tempo nicht mit übersetzt werden konnte, welches über alles Gefährliche in Dingen und Worten wegspringt, weghilft.

There are honestly meant translations which are almost forgeries, as involuntary generalizations of the original, merely because its brave and amusing tempo could not be translated, which jumps away, helps away, over everything dangerous in things and words.

10.5 Der Deutsche ist beinahe des Presto in seiner Sprache unfähig:

The German is almost incapable of presto in his language:

10.6 also, wie man billig schliessen darf, auch vieler der ergötzlichsten und verwegensten Nuances des freien, freigeisterischen Gedankens.

thus, as one may reasonably conclude, also of many of the most delightful and daring nuances of free, free-spirited thought.

10.7 So gut ihm der Buffo und der Satyr fremd ist, in Leib und Gewissen, so gut ist ihm Aristophanes und Petronius unübersetzbar.

As much as the buffo and the satyr are alien to him, in body and conscience, Aristophanes and Petronius are untranslatable.

Alles Gravitätische, Schwerflüssige, Feierlich-Plumpe, alle langwierigen und langweiligen Gattungen des Stils sind bei den Deutschen in überreicher Mannichfaltigkeit entwickelt, –

10.8

Everything gravitational, ponderous, solemn and plump, all tedious and tedious genres of style are developed in abundant variety among the Germans –

man vergebe mir die Thatsache, dass selbst Goethe's Prosa, in ihrer Mischung von Steifheit und Zierlichkeit, keine Ausnahme macht, als ein Spiegelbild der »alten guten Zeit«, zu der sie gehört, und als Ausdruck des deutschen Geschmacks, zur Zeit, wo es noch einen »deutschen Geschmack« gab:

10.9

forgive me for the fact that even Goethe's prose, in its mixture of stiffness and daintiness, makes no exception, as a reflection of the "old good time", to which it belongs, and as an expression of German taste, at the time when there was still a "German taste":

der ein Rokoko-Geschmack war, in moribus et artibus.

10.10

which was a rococo taste, in moribus et artibus.

Lessing macht eine Ausnahme, Dank seiner Schauspieler-Natur, die Vieles verstand und sich auf Vieles verstand:

10.11

Lessing is an exception, thanks to his actor's nature, which understood many things and was capable of many things:

er, der nicht umsonst der Übersetzer Bayle's war und sich gerne in die Nähe Diderot's und Voltaire's, noch lieber unter die römischen Lustspieldichter flüchtete:

10.12

he, who was not Bayle's translator for nothing and liked to take refuge near Diderot and Voltaire, even more among the Roman playwrights:

10.13 – Lessing liebte auch im tempo die Freigeisterei,

– Lessing also loved free spirits in tempo,

10.14 die Flucht aus Deutschland.

the escape from Germany.

10.15 Aber wie vermöchte die deutsche Sprache, und
sei es selbst in der Prosa eines Lessing, das tempo
Macchiavell's nachzuahmen, der, in seinem principe,
die trockne feine Luft von Florenz athmen lässt und
nicht umhin kann, die ernsteste Angelegenheit in
einem unbändigen Allegrissimo vorzutragen:

But how could the German language, even in the prose of
a Lessing, imitate the tempo of Macchiavell, who, in his
principe, breathes the dry, fine air of Florence, and cannot
refrain from presenting the most serious matter in an
irrepressible allegrissimo:

10.16 vielleicht nicht ohne ein boshaftes Artisten-Gefühl
davon, welchen Gegensatz er wagt, –

perhaps not without a malicious artist's sense of the
contrast he dares to make –

10.17 Gedanken, lang, schwer, hart, gefährlich, und
ein tempo des Galopps und der allerbesten
muthwilligsten Laune.

thoughts, long, heavy, hard, dangerous, and a tempo of
gallop and the most wanton whim.

10.18 Wer endlich dürfte gar eine deutsche Übersetzung
des Petronius wagen, der, mehr als irgend ein grosser
Musiker bisher, der Meister des presto gewesen ist, in
Erfindungen, Einfällen, Worten:

Who, at last, could even dare a German translation of
Petronius, who, more than any great musician hitherto,
has been the master of the presto, in inventions, ideas,
words:

– was liegt zuletzt an allen Sümpfen der kranken, schlimmen Welt, auch der
10.19

– what, after all, is there in all the swamps of the sick, bad world, even of the

»alten Welt«, wenn man, wie er, die Füsse eines Windes hat, den Zug und Athem, den befreienden Hohn eines Windes, der Alles gesund macht, indem er Alles laufen macht!
10.20

"old world", if one has, like him, the feet of a wind, the pull and breath, the liberating mockery of a wind that makes everything healthy by making everything run!

Und was Aristophanes angeht, jenen verklärenden, complementären Geist, um dessentwillen man dem ganzen Griechenthum verzeiht, dass es da war, gesetzt, dass man in aller Tiefe begriffen hat, was da Alles der Verzeihung, der Verklärung bedarf:
10.21

And as for Aristophanes, that transfiguring, complementary spirit, for the sake of which one forgives the whole of Greece that it was there, provided that one has understood in all depth what there is that needs forgiveness, transfiguration:

– so wüsste ich nichts, was mich über Plato's Verborgenheit und Sphinx-Natur mehr hat träumen lassen als jenes glücklich erhaltene petit falt:
10.22

– I know of nothing that has made me dream more about Plato's hiddenness and sphinx nature than that happily preserved petit falt:

dass man unter dem Kopfkissen seines Sterbelagers keine »Bibel« vorfand, nichts Ägyptisches, Pythagoreisches, Platonisches, –
10.23

that under the pillow of his deathbed one found no "Bible", nothing Egyptian, Pythagorean, Platonic, –

10.24 **sondern den Aristophanes.**
but Aristophanes.

10.25 **Wie hätte auch ein Plato das Leben ausgehalten –**
How would a Plato have endured life –

10.26 **ein griechisches Leben, zu dem er Nein sagte, –**
a Greek life to which he said no –

10.27 **ohne einen Aristophanes! –**
without an Aristophanes! –

— 29 —

12.1 **Es ist die Sache der Wenigsten, unabhängig zu sein:**
It is the business of the few to be independent:

12.2 **– es ist ein Vorrecht der Starken.**
– it is the prerogative of the strong.

12.3 **Und wer es versucht, auch mit dem besten Rechte dazu, aber ohne es zu müssen, beweist damit, dass er wahrscheinlich nicht nur stark, sondern bis zur Ausgelassenheit verwegen ist.**
And whoever attempts it, even with the best right to do so, but without having to, proves that he is probably not only strong, but daring to the point of exuberance.

12.4 **Er begiebt sich in ein Labyrinth, er vertausendfältigt die Gefahren, welche das Leben an sich schon mit sich bringt;**
He enters a labyrinth, he multiplies the dangers that life itself brings with it;

von denen es nicht die kleinste ist, dass Keiner   12.5
mit Augen sieht, wie und wo er sich verirrt,
vereinsamt und stückweise von irgend einem Höhlen-
Minotaurus des Gewissens zerrissen wird.

of which it is not the least that no one sees with his eyes
how and where he gets lost, lonely and torn apart piece by
piece by some cave minotaur of conscience.

Gesetzt, ein Solcher geht zu Grunde, so geschieht es   12.6
so ferne vom Verständniss der Menschen, dass sie es
nicht fühlen und mitfühlen:

If such a one perishes, it happens so far from the
understanding of men that they do not feel and sympathize
with it:

– und er kann nicht mehr zurück!   12.7

– and he can no longer return!

er kann auch zum Mitleiden der Menschen nicht   12.8
mehr zurück! —

he can no longer return to the compassion of men! —

— **30** —

Unsre höchsten Einsichten müssen – und sollen!   14.1

Our highest insights must – and should!

– wie Thorheiten, unter Umständen wie Verbrechen   14.2
klingen, wenn sie unerlaubter Weise Denen zu
Ohren kommen, welche nicht dafür geartet und
vorbestimmt sind.

– sound like foolishness, under certain circumstances like
crime, if they come to the ears of those who are not of the
nature and predestined for them.

14.3 **Das Exoterische und das Esoterische, wie man ehedem unter Philosophen unterschied, bei Indern, wie bei Griechen, Persern und Muselmännern, kurz überall, wo man eine Rangordnung und nicht an Gleichheit und gleiche Rechte glaubte, –**

The exoteric and the esoteric, as they were formerly distinguished among philosophers, among Indians, as among Greeks, Persians and Muslims, in short, everywhere where one believed in a hierarchy and not in equality and equal rights, –

14.4 **das hebt sich nicht sowohl dadurch von einander ab, dass der Exoteriker draussen steht und von aussen her, nicht von innen her, sieht, schätzt, misst, urtheilt:**

these are not distinguished from one another by the fact that the exotericist stands outside and sees, estimates, measures and judges from without, not from within:

14.5 **das Wesentlichere ist, dass er von Unten hinauf die Dinge sieht, –**

the more essential thing is that he sees things from below, –

14.6 **der Esoteriker aber von Oben herab!**

but the esotericist from above!

14.7 **Es giebt Höhen der Seele, von wo aus gesehen selbst die Tragödie aufhört, tragisch zu wirken;**

There are heights of the soul from which even tragedy ceases to have a tragic effect;

und, alles Weh der Welt in Eins genommen, wer dürfte zu entscheiden wagen, ob sein Anblick nothwendig gerade zum Mitleiden und dergestalt zur Verdoppelung des Wehs verführen und zwingen werde? ...

14.8

and, all the woe of the world taken as one, who would dare to decide whether the sight of it would necessarily seduce and compel to compassion and thus to the redoubling of woe? ...

Was der höheren Art von Menschen zur Nahrung oder zur Labsal dient, muss einer sehr unterschiedlichen und geringeren Art beinahe Gift sein.

14.9

What is food or refreshment to the superior species of men must be almost poison to a very different and inferior species.

Die Tugenden des gemeinen Manns würden vielleicht an einem Philosophen Laster und Schwächen bedeuten;

14.10

The virtues of the common man would perhaps signify vices and weaknesses in a philosopher;

es wäre möglich, dass ein hochgearteter Mensch, gesetzt, dass er entartete und zu Grunde gienge, erst dadurch in den Besitz von Eigenschaften käme, derentwegen man nöthig hätte, ihn in der niederen Welt, in welche er hinab sank, nunmehr wie einen Heiligen zu verehren.

14.11

it is possible that a man of high character, were he to degenerate and perish, would only thereby come into possession of qualities for which it would be necessary to venerate him as a saint in the lower world into which he sank.

14.12 Es giebt Bücher, welche für Seele und Gesundheit einen umgekehrten Werth haben, je nachdem die niedere Seele, die niedrigere Lebenskraft oder aber die höhere und gewaltigere sich ihrer bedienen:

There are books which have a reversed value for soul and health, depending on whether the lower soul, the lower vital force, or the higher and more powerful one makes use of them:

14.13 im ersten Falle sind es gefährliche, anbröckelnde, auflösende Bücher, im anderen Heroldsrufe, welche die Tapfersten zu ihrer Tapferkeit herausfordern.

in the first case they are dangerous, crumbling, disintegrating books, in the other heraldic calls which challenge the bravest to their bravery.

14.14 Allerwelts-Bücher sind immer übelriechende Bücher:

Commonplace books are always foul-smelling books:

14.15 der Kleine-Leute-Geruch klebt daran.

the smell of little people clings to them.

14.16 Wo das Volk isst und trinkt, selbst wo es verehrt, da pflegt es zu stinken.

Where the people eat and drink, even where they worship, they tend to stink.

14.17 Man soll nicht in Kirchen gehn, wenn man reine Luft athmen will. —

One should not go into churches if one wants to breathe pure air. —

111

— **31** —

Man verehrt und verachtet in jungen Jahren
noch ohne jene Kunst der Nuance, welche den
besten Gewinn des Lebens ausmacht, und muss es
billigerweise hart büssen, solchergestalt Menschen
und Dinge mit Ja und Nein überfallen zu haben.

16.1

At a young age, one still worships and despises without that
art of nuance which constitutes the best gain of life, and
must justly pay a hard price for having assaulted people and
things with yes and no in this way.

Es ist Alles darauf eingerichtet, dass der schlechteste
aller Geschmäcker, der Geschmack für das
Unbedingte grausam genarrt und gemissbraucht
werde, bis der Mensch lernt, etwas Kunst in
seine Gefühle zu legen und lieber noch mit dem
Künstlichen den Versuch zu wagen:

16.2

Everything is set up so that the worst of all tastes, the taste
for the unconditional, is cruelly nourished and abused
until man learns to put some art into his feelings and rather
dare to try the artificial:

wie es die rechten Artisten des Lebens thun.

16.3

as the right artists of life do.

Das Zornige und Ehrfürchtige, das der Jugend eignet,
scheint sich keine Ruhe zu geben, bevor es nicht
Menschen und Dinge so zurecht gefälscht hat, dass es
sich an ihnen auslassen kann:

16.4

The angry and reverent nature of youth does not seem to
rest until it has so falsified people and things that it can
have its way with them:

– Jugend ist an sich schon etwas Fälschendes und
Betrügerisches.

16.5

– youth is in itself something counterfeit and deceitful.

16.6 Später, wenn die junge Seele, durch lauter Enttäuschungen gemartert, sich endlich argwöhnisch gegen sich selbst zurück wendet, immer noch heiss und wild, auch in ihrem Argwohne und Gewissensbisse:

Later, when the young soul, martyred by so many disappointments, finally turns back suspiciously on itself, still hot and wild, even in its suspicions and remorse:

16.7 wie zürnt sie sich nunmehr, wie zerreisst sie sich ungeduldig, wie nimmt sie Rache für ihre lange Selbst-Verblendung, wie als ob sie eine willkürliche Blindheit gewesen sei!

how angry it is now, how impatiently it tears itself apart, how it takes revenge for its long self-delusion, as if it had been an arbitrary blindness!

16.8 In diesem Übergange bestraft man sich selber, durch Misstrauen gegen sein Gefühl;

In this transition one punishes oneself by distrusting one's feelings;

16.9 man foltert seine Begeisterung durch den Zweifel, ja man fühlt schon das gute Gewissen als eine Gefahr, gleichsam als Selbst-Verschleierung und Ermüdung der feineren Redlichkeit;

one tortures one's enthusiasm through doubt, indeed one already feels one's good conscience to be a danger, as it were a self-concealment and fatigue of one's finer honesty;

16.10 und vor Allem, man nimmt Partei, grundsätzlich Partei gegen

and above all, one takes sides, fundamentally sides against

16.11 »die Jugend«. – Ein Jahrzehend später:

"the youth". – A decade later:

und man begreift, dass auch dies Alles noch – Jugend war! 16.12

and one realizes that all this too was still – youth!

— **32** —

Die längste Zeit der menschlichen Geschichte hindurch – 18.1

Throughout the longest period of human history –

man nennt sie die prähistorische Zeit – 18.2

it is called the prehistoric period –

wurde der Werth oder der Unwerth einer Handlung aus ihren Folgen abgeleitet: 18.3

the value or unworthiness of an action was derived from its consequences:

die Handlung an sich kam dabei ebensowenig als ihre Herkunft in Betracht, sondern ungefähr so, wie heute noch in China eine Auszeichnung oder Schande vom Kinde auf die Eltern zurückgreift, so war es die rückwirkende Kraft des Erfolgs oder Misserfolgs, welche den Menschen anleitete, gut oder schlecht von einer Handlung zu denken. 18.4

the action itself was not taken into consideration as its origin, but in much the same way that even today in China an honor or disgrace is attributed from the child to the parents, it was the retroactive power of success or failure that led man to think good or bad of an action.

Nennen wir diese Periode die vormoralische Periode der Menschheit: 18.5

Let us call this period the pre-moral period of humanity:

18.6 der Imperativ »erkenne dich selbst!« war damals noch unbekannt.

the imperative "know thyself!" was still unknown at that time.

18.7 In den letzten zehn Jahrtausenden ist man hingegen auf einigen grossen Flächen der Erde Schritt für Schritt so weit gekommen, nicht mehr die Folgen, sondern die Herkunft der Handlung über ihren Werth entscheiden zu lassen:

In the last ten millennia, however, in some large areas of the world, people have gradually come so far as to allow not the consequences but the origin of the action to decide its value:

18.8 ein grosses Ereigniss als Ganzes, eine erhebliche Verfeinerung des Blicks und Maassstabs, die unbewusste Nachwirkung von der Herrschaft aristokratischer Werthe und des Glaubens an

a great event as a whole, a considerable refinement of the view and scale, the unconscious after-effect of the rule of aristocratic values and the belief in

18.9 »Herkunft«, das Abzeichen einer Periode, welche man im engeren Sinne als die moralische bezeichnen darf:

"origin", the hallmark of a period which may be called the moral period in the narrower sense:

18.10 der erste Versuch zur Selbst-Erkenntniss ist damit gemacht.

the first attempt at self-knowledge has thus been made.

18.11 Statt der Folgen die Herkunft:

Origin instead of consequences:

18.12 welche Umkehrung der Perspektive!

what a reversal of perspective!

Und sicherlich eine erst nach langen Kämpfen und Schwankungen erreichte Umkehrung!   18.13

And certainly a reversal achieved only after long struggles and fluctuations!

Freilich: ein verhängnissvoller neuer Aberglaube, eine eigenthümliche Engigkeit der Interpretation kam eben damit zur Herrschaft: man interpretirte die Herkunft einer Handlung im allerbestimmtesten Sinne als Herkunft aus einer Absicht;   18.14

To be sure, a disastrous new superstition, a peculiar narrowness of interpretation, thus came to reign: one interpreted the origin of an action in the most definite sense as the origin of an intention;

man wurde Eins im Glauben daran, dass der Werth einer Handlung im Werthe ihrer Absicht belegen sei.   18.15

one became one in the belief that the value of an action was evidenced in the value of its intention.

Die Absicht als die ganze Herkunft und Vorgeschichte einer Handlung: 18.16

Intention as the whole origin and history of an action:

unter diesem Vorurtheile ist fast bis auf die neueste Zeit auf Erden moralisch gelobt, getadelt, gerichtet, auch philosophirt worden.   18.17

under this prejudice, moral praise, censure, judgment, and even philosophizing have been practiced on earth almost up to the most recent times.

18.18 – Sollten wir aber heute nicht bei der Nothwendigkeit
angelangt sein, uns nochmals über eine Umkehrung
und Grundverschiebung der Werthe schlüssig zu
machen, Dank einer nochmaligen Selbstbesinnung
und Vertiefung des Menschen, –

– But should we not today have arrived at the necessity
of once more coming to a conclusion about a reversal
and fundamental shift in values, thanks to a further self-
reflection and deepening of man, –

18.19 sollten wir nicht an der Schwelle einer Periode
stehen, welche, negativ, zunächst als die
aussermoralische zu, bezeichnen wäre:

should we not stand on the threshold of a period which,
negatively, would first of all be described as the extra-moral
one:

18.20 heute, wo wenigstens unter uns Immoralisten der
Verdacht sich regt, dass gerade in dem, was nicht-
absichtlich an einer Handlung ist, ihr entscheidender
Werth belegen sei, und dass alle ihre Absichtlichkeit,
Alles, was von ihr gesehn, gewusst,

today, when at least among us immoralists the suspicion is
stirring that it is precisely in what is non-intentional about
an action that its decisive value is proven, and that all its
intentionality, everything that can be seen, known,

18.21 »bewusst«

"conscious"

18.22 werden kann, noch zu ihrer Oberfläche und Haut
gehöre, –

of it, still belongs to its surface and skin, –

18.23 welche, wie jede Haut, Etwas verräth, aber noch
mehr verbirgt?

which, like every skin, conceals something, but hides even
more?

Kurz, wir glauben, dass die Absicht nur ein Zeichen und Symptom ist, das erst der Auslegung bedarf, dazu ein Zeichen, das zu Vielerlei und folglich für sich allein fast nichts bedeutet, –

18.24

In short, we believe that intention is only a sign and symptom that first needs interpretation, a sign that means too many things and consequently almost nothing on its own, –

dass Moral, im bisherigen Sinne, also Absichten-Moral ein Vorurtheil gewesen ist, eine Voreiligkeit, eine Vorläufigkeit vielleicht, ein Ding etwa vom Range der Astrologie und Alchymie, aber jedenfalls Etwas, das überwunden werden muss.

18.25

that morality, in the previous sense, i.e. intention-morality, has been a prejudice, a prematurity, a provisionality perhaps, a thing of the order of astrology and alchemy, but in any case something that must be overcome.

Die Überwindung der Moral,

18.26

The overcoming of morality,

in einem gewissen Verstande sogar die Selbstüberwindung der Moral:

18.27

in a certain sense even the self-overcoming of morality:

mag das der Name für jene lange geheime Arbeit sein, welche den feinsten und redlichsten, auch den boshaftesten Gewissen von heute, als lebendigen Probirsteinen der Seele, vorbehalten blieb. –

18.28

may this be the name for that long secret work which has been reserved for the finest and most honest, even the most malicious consciences of today, as living touchstones of the soul. –

— **33** —

20.1 **Es hilft nichts:**
It doesn't help:

20.2 **man muss die Gefühle der Hingebung, der Aufopferung für den Nächsten, die ganze Selbstentäusserungs-Moral erbarmungslos zur Rede stellen und vor Gericht führen:**
one must mercilessly confront the feelings of devotion, of sacrifice for one's neighbor, the whole morality of self-emptying, and bring it to justice:

20.3 **ebenso wie die Aesthetik der »interesselosen Anschauung«,**
just like the aesthetics of "disinterested contemplation",

20.4 **unter welcher sich die Entmännlichung der Kunst verführerisch genug heute ein gutes Gewissen zu schaffen sucht.**
under which the emasculation of art seductively enough seeks to create a good conscience today.

20.5 **Es ist viel zu viel Zauber und Zucker in jenen Gefühlen des**
There is far too much magic and sugar in those feelings of

20.6 **»für Andere«, des**
"for others", of

20.7 **»nicht für mich«, als dass man nicht nöthig hätte, hier doppelt misstrauisch zu werden und zu fragen:**
"not for me", for it not to be necessary to become doubly suspicious here and ask:

20.8 **»sind es nicht vielleicht – Verführungen?«**
"Are they not perhaps – seductions?"

– Dass sie gefallen –   20.9
– The fact that they are pleasing –

Dem, der sie hat, und Dem, der ihre Früchte geniesst,   20.10
auch dem blossen Zuschauer, –
to the one who has them and to the one who enjoys their
fruits, even to the mere spectator –

dies giebt noch kein Argument für sie ab,   20.11
does not yet provide an argument in their favor,

sondern fordert gerade zur Vorsicht auf.   20.12
but rather calls for caution.

Seien wir also vorsichtig!   20.13
So let us be careful!

— **34** —

Auf welchen Standpunkt der Philosophie man sich   22.1
heute auch stellen mag:
Whatever standpoint of philosophy one may take today:

von jeder Stelle aus gesehn ist die Irrthümlichkeit der   22.2
Welt, in der wir zu leben glauben, das Sicherste und
Festeste, dessen unser Auge noch habhaft werden
kann:
seen from any point of view, the falsity of the world in
which we believe we live is the surest and firmest thing our
eyes can still grasp:

– wir finden Gründe über Gründe dafür,   22.3
– we find reasons upon reasons for this,

22.4 **die uns zu Muthmaassungen über ein betrügerisches Princip im »Wesen der Dinge« verlocken möchten.**
which would tempt us to make assumptions about a deceptive principle in the "essence of things".

22.5 **Wer aber unser Denken selbst, also »den Geist« für die Falschheit der Welt verantwortlich macht –**
But he who makes our thinking itself, that is, "the mind", responsible for the falsity of the world –

22.6 **ein ehrenhafter Ausweg,**
an honorable way out,

22.7 **den jeder bewusste oder unbewusste advocatus dei geht – :**
which every conscious or unconscious advocatus dei takes – :

22.8 **wer diese Welt, sammt Raum, Zeit, Gestalt, Bewegung, als falsch erschlossen nimmt:**
he who takes this world, together with space, time, form, movement, as falsely developed:

22.9 **ein Solcher hätte mindestens guten Anlass, gegen alles Denken selbst endlich Misstrauen zu lernen:**
such a one would at least have good reason to finally learn to distrust all thinking itself:

22.10 **hätte es uns nicht bisher den allergrössten Schabernack gespielt?**
has it not played the greatest trick on us so far?

22.11 **und welche Bürgschaft dafür gäbe es, dass es nicht fortführe, zu thun, was es immer gethan hat?**
and what guarantee would there be that it would not continue to do what it has always done?

In allem Ernste: die Unschuld der Denker hat 22.12
etwas Rührendes und Ehrfurcht Einflössendes,
welche ihnen erlaubt, sich auch heute noch vor das
Bewusstsein hinzustellen, mit der Bitte, dass es ihnen
ehrliche Antworten gebe: zum Beispiel ob es »real«
sei, und warum es eigentlich die äussere Welt sich so
entschlossen vom Halse halte, und was dergleichen
Fragen mehr sind.

In all seriousness, there is something touching and awe-
inspiring about the innocence of thinkers, which allows
them to stand before consciousness even today and ask it to
give them honest answers: for example, whether it is "real",
and why it actually keeps the outer world so resolutely at
bay, and other such questions.

Der Glaube an »unmittelbare Gewissheiten« 22.13
The belief in "immediate certainties"

ist eine moralische Naivetät, welche uns Philosophen 22.14
Ehre macht:
is a moral naiveté that does us philosophers credit:

aber – wir sollen nun einmal nicht »nur moralische« 22.15
but – we are not supposed to be "only moral"

Menschen sein! 22.16
people!

Von der Moral abgesehn, ist jener Glaube eine 22.17
Dummheit, die uns wenig Ehre macht!
Apart from morality, this belief is a stupidity that does us
little honor!

Mag im bürgerlichen Leben das allzeit bereite 22.18
Misstrauen als Zeichen des
In bourgeois life, mistrust, which is always ready, may be
considered a sign of

22.19 »schlechten Charakters«
"bad character"

22.20 gelten und folglich unter die Unklugheiten gehören:
and therefore belong among the imprudences:

22.21 hier unter uns, jenseits der bürgerlichen Welt und
ihres Ja's und Nein's, –
here among us, beyond the bourgeois world and its yes's
and no's, –

22.22 was sollte uns hindern, unklug zu sein und zu sagen:
der Philosoph hat nachgerade ein Recht auf
what should prevent us from being and saying imprudent
things? the philosopher has almost a right to

22.23 »schlechten Charakter«, als das Wesen, welches
bisher auf Erden immer am besten genarrt worden
ist, –
"bad character", as the being who has always been best
fooled on earth so far, –

22.24 er hat heute die Pflicht zum Misstrauen,
he has today the duty to mistrust,

22.25 zum boshaftesten Schielen aus jedem Abgrunde des
Verdachts heraus.
to the most malicious squint out of every abyss of
suspicion.

22.26 – Man vergebe mir den Scherz dieser düsteren Fratze
und Wendung:
– Forgive me the jest of this gloomy grimace and turn of
phrase:

denn ich selbst gerade habe längst über Betrügen und
Betrogenwerden anders denken, anders schätzen
gelernt und halte mindestens ein paar Rippenstösse
für die blinde Wuth bereit, mit der die Philosophen
sich dagegen sträuben, betrogen zu werden.

22.27

for I myself have long since learned to think differently
about cheating and being cheated, to appreciate things
differently, and I have at least a few ribs ready for the blind
fury with which philosophers resist being cheated.

Warum nicht?

22.28

Why not?

Es ist nicht mehr als ein moralisches Vorurtheil, dass
Wahrheit mehr werth ist als Schein;

22.29

It is no more than a moral prejudice that truth is worth
more than appearance;

es ist sogar die schlechtest bewiesene Annahme, die
es in der Welt giebt.

22.30

it is even the worst proven assumption there is in the
world.

Man gestehe sich doch so viel ein:

22.31

Admit this much to yourself:

es bestünde gar kein Leben, wenn nicht auf
dem Grunde perspektivischer Schätzungen und
Scheinbarkeiten;

22.32

there would be no life at all if not on the basis of
perspective estimates and appearances;

22.33 **und wollte man, mit der tugendhaften Begeisterung und Tölpelei mancher Philosophen, die »scheinbare Welt« ganz abschlaffen, nun, gesetzt, ihr könntet das, – so bliebe mindestens dabei auch von eurer »Wahrheit« nichts mehr übrig!**

and if, with the virtuous enthusiasm and doltishness of some philosophers, you wanted to abolish the "apparent world" altogether, well, suppose you could, – at least there would be nothing left of your "truth"!

22.34 **Ja, was zwingt uns überhaupt zur Annahme, dass es einen wesenhaften Gegensatz von »wahr« und »falsch« giebt?**

Indeed, what compels us to assume that there is an essential opposition of "true" and "false"?

22.35 **Genügt es nicht, Stufen der Scheinbarkeit anzunehmen und gleichsam hellere und dunklere Schatten und Gesammttöne des Scheins, – verschiedene valeurs, um die Sprache der Maler zu reden?**

Is it not enough to assume levels of appearance and, as it were, lighter and darker shades and overall tones of appearance, – different valeurs, to speak the language of painters?

22.36 **Warum dürfte die Welt, die uns etwas angeht – , nicht eine Fiktion sein?**

Why shouldn't the world that concerns us be a fiction?

22.37 **Und wer da fragt: »aber zur Fiktion gehört ein Urheber?«**

And whoever asks: "but fiction includes an author?"

22.38 **– dürfte dem nicht rund geantwortet werden: Warum?**

– should not be answered roundly: Why?

Gehört dieses »Gehört« nicht vielleicht mit zur Fiktion?   22.39
Isn't this "belonging" perhaps part of the fiction?

Ist es denn nicht erlaubt, gegen Subjekt, wie gegen Prädikat und Objekt, nachgerade ein Wenig ironisch zu sein?   22.40
Is it not permissible to be a little ironic about subject, predicate and object?

Dürfte sich der Philosoph nicht über die Gläubigkeit an die Grammatik erheben?   22.41
Should the philosopher not rise above his faith in grammar?

Alle Achtung vor den Gouvernanten: 22.42
All due respect to the governesses:

aber wäre es nicht an der Zeit, dass die Philosophie dem Gouvernanten-Glauben absagte? –   22.43
but wouldn't it be time for philosophy to renounce its faith in the governesses?-

— **35** —

Oh Voltaire! Oh Humanität! Oh Blödsinn!   24.1
Oh Voltaire! Oh humanity! Oh nonsense!

Mit der »Wahrheit«,   24.2
There is something about the "truth",

mit dem Suchen der Wahrheit hat es etwas auf sich;   24.3
about seeking the truth;

24.4 **und wenn der Mensch es dabei gar zu menschlich treibt –**
and if man does it too humanly –

24.5 **»il ne cherche le vrai que pour faire le bien«**
"il ne cherche le vrai que pour faire le bien"

24.6 **– ich wette, er findet nichts!**
– I bet he finds nothing!

— 36 —

26.1 **Gesetzt, dass nichts Anderes als real »gegeben«**
Assuming that nothing else is "given"

26.2 **ist als unsre Welt der Begierden und Leidenschaften,**
as real than our world of desires and passions,

26.3 **dass wir zu keiner anderen »Realität«**
that we cannot descend or ascend to any other "reality"

26.4 **hinab oder hinauf können als gerade zur Realität unsrer Triebe –**
than precisely to the reality of our drives –

26.5 **denn Denken ist nur ein Verhalten dieser Triebe zu einander – :**
for thinking is only a behavior of these drives towards each other – :

ist es nicht erlaubt, den Versuch zu machen und die
Frage zu fragen, ob dies Gegeben nicht ausreicht,
um aus Seines-Gleichen auch die sogenannte
mechanistische (oder

26.6

is it not permissible to make the attempt and ask the
question whether this given is not sufficient to understand
the so-called mechanistic (or

»materielle«) Welt zu verstehen?

26.7

"material") world from its equal?

Ich meine nicht als eine Täuschung, einen »Schein«,
eine

26.8

I do not mean as an illusion, an "appearance", a

»Vorstellung«

26.9

"conception"

(im Berkeley'schen und Schopenhauerischen Sinne),
sondern als vom gleichen Realitäts-Range, welchen
unser Affekt selbst hat, –

26.10

(in the Berkeleyan and Schopenhauerian sense), but as of
the same realm of reality that our affect itself has, –

als eine primitivere Form der Welt der Affekte, in der
noch Alles in mächtiger Einheit beschlossen liegt,
was sich dann im organischen Prozesse abzweigt
und ausgestaltet (auch, wie billig, verzärtelt und
abschwächt –),

26.11

as a more primitive form of the world of affects, in which
everything still lies resolved in powerful unity, which
then branches off and takes shape in the organic process
(also, as it is fair to say, becomes more intensified and
attenuated –),

26.12 **als eine Art von Triebleben, in dem noch sämmtliche organische Funktionen, mit Selbst-Regulirung, Assimilation, Ernährung, Ausscheidung, Stoffwechsel, synthetisch gebunden in einander sind, –**

as a kind of instinctual life in which all organic functions, with self-regulation, assimilation, nutrition, excretion, metabolism, are still synthetically bound into one another, –

26.13 **als eine Vorform des Lebens?**

as a preliminary form of life?

26.14 **– Zuletzt ist es nicht nur erlaubt, diesen Versuch zu machen:**

– Finally, it is not only permissible to make this attempt:

26.15 **es ist, vom Gewissen der Methode aus, geboten.**

it is, from the conscience of the method, required.

26.16 **Nicht mehrere Arten von Causalität annehmen, so lange nicht der Versuch, mit einer einzigen auszureichen, bis an seine äusserste Grenze getrieben ist (–**

Not to assume several kinds of causality, as long as the attempt to suffice with a single one is not pushed to its utmost limit (–

26.17 **bis zum Unsinn, mit Verlaub zu sagen):**

to the point of nonsense, if I may say so):

26.18 **das ist eine Moral der Methode, der man sich heute nicht entziehen darf;**

this is a moral of method that cannot be evaded today;

26.19 **– es folgt »aus ihrer Definition«,**

– it follows "from its definition",

wie ein Mathematiker sagen würde.
26.20
as a mathematician would say.

Die Frage ist zuletzt, ob wir den Willen wirklich als wirkend anerkennen, ob wir an die Causalität des Willens glauben:
26.21
The final question is whether we really recognize the will as active, whether we believe in the causality of the will:

thun wir das –
26.22
if we do –

und im Grunde ist der Glaube daran eben unser Glaube an Causalität selbst – ,
26.23
and basically the belief in this is precisely our belief in causality itself –

so müssen wir den Versuch machen, die Willens-Causalität hypothetisch als die einzige zu setzen.
26.24
then we must make the attempt to hypothetically posit the causality of the will as the only one.

»Wille« kann natürlich nur auf »Wille« wirken –
26.25
"Will" can of course only act on "will" seemingly –

und nicht auf »Stoffe« (nicht auf »Nerven« zum Beispiel –) :
26.26
and not on "substances" (not on "nerves" for example –) :

genug, man muss die Hypothese wagen, ob nicht überall, wo
26.27
enough, one must venture the hypothesis whether everywhere where

»Wirkungen« anerkannt werden, Wille auf Wille wirkt –
26.28
"effects" are recognized, will does not act on will –

26.29 **und ob nicht alles mechanische Geschehen, insofern eine Kraft darin thätig wird, eben Willenskraft, Willens-Wirkung ist.**

and whether not all mechanical events, insofar as a force is active in them, are precisely will-power, will-effect.

26.30 **– Gesetzt endlich, dass es gelänge, unser gesammtes Triebleben als die Ausgestaltung und Verzweigung Einer Grundform des Willens zu erklären – nämlich des Willens zur Macht, wie es in ein Satz ist – ;**

– Suppose, finally, that it were possible to explain our whole instinctive life as the development and ramification of a basic form of will - namely, the will to power, as it is in a sentence;

26.31 **gesetzt, dass man alle organischen Funktionen auf diesen Willen zur Macht zurückführen könnte und in ihm auch die Lösung des Problems der Zeugung und Ernährung – es ist Ein Problem – fände, so hätte man damit sich das Recht verschafft, alle wirkende Kraft eindeutig zu bestimmen als:**

suppose that all organic functions could be traced back to this will to power, and that in it one could also find the solution to the problem of procreation and nourishment – it is a problem – then one would thereby have procured the right to define all active force unambiguously as the will to power:

26.32 **Wille zur Macht. Die Welt von innen gesehen, die Welt auf ihren**

The will to power. The world seen from within, the world of its

26.33 **»intelligiblen Charakter« hin bestimmt und bezeichnet –**

"intelligible character" determined and designated in terms –

sie wäre eben »Wille zur Macht« und nichts ausserdem. –   26.34

it would be "will to power" and nothing else. –

— **37** —

»Wie? Heisst das nicht, populär geredet: Gott ist widerlegt,   28.1

"How? Doesn't that mean, popularly speaking: God is disproved,

der Teufel aber nicht – ?« Im Gegentheil! Im Gegentheil,   28.2

but the devil is not – ?" On the contrary! On the contrary,

meine Freunde!   28.3

my friends!

Und, zum Teufel auch, wer zwingt euch, populär zu reden! –   28.4

And, to hell with it, who forces you to speak popularly! –

— **38** —

30.1 Wie es zuletzt noch, in aller Helligkeit der neueren Zeiten, mit der französischen Revolution gegangen ist, jener schauerlichen und, aus der Nähe beurtheilt, überflüssigen Posse, in welche aber die edlen und schwärmerischen Zuschauer von ganz Europa aus der Ferne her so lange und so leidenschaftlich ihre eignen Empörungen und Begeisterungen hinein interpretirt haben, bis der Text unter der Interpretation verschwand:

Just as, in all the brightness of modern times, the French Revolution, that gruesome and, judged from close up, superfluous farce, into which the noble and enthusiastic spectators from all over Europe interpreted their own indignations and enthusiasms from afar for so long and so passionately until the text disappeared under the interpretation:

30.2 so könnte eine edle Nachwelt noch einmal die ganze Vergangenheit missverstehen und dadurch vielleicht erst ihren Anblick erträglich machen.

so a noble posterity could once again misunderstand the whole past and thus perhaps only make its sight bearable.

30.3 – Oder vielmehr: ist dies nicht bereits geschehen?

– Or rather: hasn't this already happened?

30.4 waren wir nicht selbst – diese »edle Nachwelt?«

weren't we ourselves – this "noble posterity?"

30.5 Und ist es nicht gerade jetzt, insofern wir dies begreifen, –

And isn't it just now, insofar as we understand this, –

30.6 damit vorbei?

over with?

— **39** —

Niemand wird so leicht eine Lehre, bloss weil sie glücklich macht, oder tugendhaft macht, deshalb für wahr halten:

32.1

No one will so easily regard a doctrine as true merely because it makes one happy or virtuous:

die lieblichen »Idealisten«

32.2

with the exception, for instance, of the lovely "idealists"

etwa ausgenommen, welche für das Gute, Wahre, Schöne schwärmen und in ihrem Teiche alle Arten von bunten plumpen und gutmüthigen Wünschbarkeiten durcheinander schwimmen lassen.

32.3

who rave about the good, the true, the beautiful, and let all kinds of colorful, clumsy and good-natured desirabilities swim about in their pond.

Glück und Tugend sind keine Argumente.

32.4

Happiness and virtue are not arguments.

Man vergisst aber gerne, auch auf Seiten besonnener Geister, dass Unglücklich-machen und Böse-machen ebensowenig Gegenargumente sind.

32.5

But it is easy to forget, even on the part of prudent minds, that making people unhappy and making them evil are just as little counter-arguments.

Etwas dürfte wahr sein:

32.6

Something might be true:

ob es gleich im höchsten Grade schädlich und gefährlich wäre;

32.7

even if it were harmful and dangerous to the highest degree;

32.8 ja es könnte selbst zur Grundbeschaffenheit des Daseins gehören, dass man an seiner völligen Erkenntniss zu Grunde gienge, –

indeed, it might even be part of the basic nature of existence that one would perish from its complete knowledge, –

32.9 so dass sich die Stärke eines Geistes darnach bemässe, wie viel er von der

so that the strength of a spirit would be measured by how much of the

32.10 »Wahrheit«

"truth"

32.11 gerade noch aushielte, deutlicher, bis zu welchem Grade er sie verdünnt, verhüllt, versüsst, verdumpft, verfälscht nöthig hätte.

it could just about endure, more clearly, to what degree it would need it diluted, veiled, sweetened, dulled, falsified.

32.12 Aber keinem Zweifel unterliegt es,

But there can be no doubt that the wicked and unfortunate are more favored for the discovery of certain parts of the truth,

32.13 dass für die Entdeckung gewisser Theile der Wahrheit die Bösen und Unglücklichen begünstigter sind und eine grössere Wahrscheinlichkeit des Gelingens haben;

and have a greater probability of success;

32.14 nicht zu reden von den Bösen, die glücklich sind, –

not to speak of the wicked who are happy –

32.15 eine Species, welche von den Moralisten verschwiegen wird.

a species which is concealed by the moralists.

Vielleicht, dass Härte und List günstigere Bedingungen zur Entstehung des starken, unabhängigen Geistes und Philosophen abgeben, als jene sanfte feine nachgebende Gutartigkeit und Kunst des Leicht-nehmens, welche man an einem Gelehrten schätzt und mit Recht schätzt.

32.16

Perhaps that hardness and cunning are more favorable conditions for the formation of the strong, independent mind and philosopher than that gentle, yielding goodness and art of taking things easy which is valued and rightly appreciated in a scholar.

Vorausgesetzt, was voran steht, dass man den Begriff

32.17

Provided, of course, that the term

»Philosoph«

32.18

"philosopher"

nicht auf den Philosophen einengt, der Bücher schreibt –

32.19

is not restricted to the philosopher who writes books –

oder gar seine Philosophie in Bücher bringt!

32.20

or even puts his philosophy into books!

– Einen letzten Zug zum Bilde des freigeisterischen Philosophen bringt Stendhal bei,

32.21

– Stendhal adds a final touch to the image of the free-spirited philosopher,

den ich um des deutschen Geschmacks willen nicht unterlassen will zu unterstreichen:

32.22

which I will not refrain from emphasizing for the sake of German taste:

– denn er geht wider den deutschen Geschmack.

32.23

– for it goes against German taste.

32.24 »Pour être bon philosophe«, sagt dieser letzte grosse Psycholog, »il faut être sec, clair, sans illusion.

"Pour être bon philosophe," says this last great psychologist, "il faut être sec, clair, sans illusion.

32.25 Un banquier, qui a fait fortune, a une partie du caractère requis pour faire des découvertes en philosophie, c'est-'á-dire pour voir clair dans ce qui est.«

Un banquier, qui a fait fortune, a une partie du caractère requis pour faire des découvertes en philosophie, c'est-'á-dire pour voir clair dans ce qui est. "

— **40** —

34.1 Alles, was tief ist, liebt die Maske;

Everything that is deep loves the mask;

34.2 die allertiefsten Dinge haben sogar einen Hass auf Bild und Gleichniss.

the deepest things even hate image and likeness.

34.3 Sollte nicht erst der Gegensatz die rechte Verkleidung sein, in der die Scham eines Gottes einhergienge?

Shouldn't the contrast be the right disguise in which the shame of a god comes along?

34.4 Eine fragwürdige Frage:

A questionable question:

34.5 es wäre wunderlich, wenn nicht irgend ein Mystiker schon dergleichen bei sich gewagt hätte.

it would be strange if some mystic had not already dared to ask such a question.

Es giebt Vorgänge so zarter Art, dass man gut thut, sie durch eine Grobheit zu verschütten und unkenntlich zu machen;

34.6

There are events of such a delicate nature that one would do well to spill them out and make them unrecognizable by means of coarseness;

es giebt Handlungen der Liebe und einer ausschweifenden Grossmuth, hinter denen nichts räthlicher ist, als einen Stock zu nehmen und den Augenzeugen durchzuprügeln:

34.7

there are acts of love and extravagant magnanimity behind which nothing is more ruthless than to take a stick and beat the eyewitness through:

damit trübt man dessen Gedächtniss.

34.8

in this way one clouds his memory.

Mancher versteht sich darauf, das eigne Gedächtniss zu trüben und zu misshandeln, um wenigstens an diesem einzigen Mitwisser seine Rache zu haben:

34.9

Some people are adept at clouding and abusing their own memory in order to get their revenge at least on this single confidant:

– die Scham ist erfinderisch.

34.10

– shame is inventive.

Es sind nicht die schlimmsten Dinge, deren man sich am schlimmsten schämt:

34.11

It is not the worst things of which one is most ashamed:

es ist nicht nur Arglist hinter einer Maske,

34.12

it is not only guile behind a mask,

– es giebt so viel Güte in der List.

34.13

– there is so much goodness in guile.

34.14 Ich könnte mir denken, dass ein Mensch, der etwas Kostbares und Verletzliches zu bergen hätte, grob und rund wie ein grünes altes schwerbeschlagenes Weinfass durch's Leben rollte:

I could imagine that a man who had something precious and vulnerable to hide would roll through life rough and round like a green old heavy-shod wine barrel:

34.15 die Feinheit seiner Scham will es so.

the delicacy of his shame wants it that way.

34.16 Einem Menschen, der Tiefe in der Scham hat, begegnen auch seine Schicksale und zarten Entscheidungen auf Wegen, zu denen Wenige je gelangen, und um deren Vorhandensein seine Nächsten und Vertrautesten nicht wissen dürfen:

A person who has depth in his shame also encounters his destiny and delicate decisions on paths that few ever reach and that his nearest and dearest cannot know exist:

34.17 seine Lebensgefahr verbirgt sich ihren Augen und ebenso seine wieder eroberte Lebens-Sicherheit.

his danger to life is hidden from their eyes and so is his reconquered security in life.

34.18 Ein solcher Verborgener, der aus Instinkt das Reden zum Schweigen und Verschweigen braucht und unerschöpflich ist in der Ausflucht vor Mittheilung, will es und fördert es, dass eine Maske von ihm an seiner Statt in den Herzen und Köpfen seiner Freunde herum wandelt;

Such a hidden man, who by instinct needs speech for silence and concealment, and is inexhaustible in his evasion of communication, wants and encourages a mask of himself to walk about in his place in the hearts and minds of his friends;

und gesetzt, er will es nicht, so werden ihm eines Tages die Augen darüber aufgehn, dass es trotzdem dort eine Maske von ihm giebt, –

34.19

and if he does not want it, one day his eyes will open to the fact that there is nevertheless a mask of himself there, –

und dass es gut so ist. Jeder tiefe Geist braucht eine Maske:

34.20

and that it is a good thing. Every deep spirit needs a mask:

mehr noch, um jeden tiefen Geist wächst fortwährend eine Maske, Dank der beständig falschen, nämlich flachen Auslegung jedes Wortes, jedes Schrittes, jedes Lebens-Zeichens, das er giebt. –

34.21

what is more, a mask is continually growing around every deep spirit, thanks to the constantly false, namely shallow interpretation of every word, every step, every sign of life that it gives. –

— 41 —

Man muss sich selbst seine Proben geben, dafür dass man zur Unabhängigkeit und zum Befehlen bestimmt ist;

36.1

One must give oneself a test to prove that one is destined for independence and command;

und dies zur rechten Zeit.

36.2

and this at the right time.

36.3 **Man soll seinen Proben nicht aus dem Wege gehn, obgleich sie vielleicht das gefährlichste Spiel sind, das man spielen kann, und zuletzt nur Proben, die vor uns selber als Zeugen und vor keinem anderen Richter abgelegt werden.**

We should not avoid our tests, even though they are perhaps the most dangerous game we can play, and ultimately only tests that are taken before ourselves as witnesses and before no other judge.

36.4 **Nicht an einer Person hängen bleiben: und sei sie die geliebteste, –**

Do not remain attached to one person, even the most beloved, –

36.5 **jede Person ist ein Gefängniss, auch ein Winkel.**

every person is a prison, even a corner.

36.6 **Nicht an einem Vaterlande hängen bleiben:**

Do not remain attached to a fatherland:

36.7 **und sei es das leidendste und hülfbedürftigste, –**

even if it is the most suffering and most needy –

36.8 **es ist schon weniger schwer, sein Herz von einem siegreichen Vaterlande los zu binden.**

it is less difficult to unbind one's heart from a victorious fatherland.

36.9 **Nicht an einem Mitleiden hängen bleiben:**

Not to remain attached to a compassion:

36.10 **und gälte es höheren Menschen,**

even if it were to higher men,

in deren seltne Marter und Hülflosigkeit uns ein   36.11
Zufall hat blicken lassen.

into whose rare agony and helplessness a chance has
allowed us to look.

Nicht an einer Wissenschaft hängen bleiben: 36.12

Do not remain attached to a science:

und locke sie Einen mit den kostbarsten,   36.13

and let it lure you with the most precious finds,

anscheinend gerade uns aufgesparten Funden.   36.14

apparently saved for us.

Nicht an seiner eignen Loslösung hängen bleiben,   36.15
an jener wollüstigen Ferne und Fremde des Vogels,
der immer weiter in die Höhe flieht, um immer mehr
unter sich zu sehn:

Do not remain attached to your own detachment, to that
voluptuous distance and strangeness of the bird, which
flees ever further upwards in order to see ever more below
itself:

– die Gefahr des Fliegenden.   36.16

– the danger of flying.

Nicht an unsern eignen Tugenden hängen bleiben   36.17
und als Ganzes das Opfer irgend einer Einzelheit an
uns werden,

Not to remain attached to our own virtues and become as a
whole the victim of some single thing about us,

zum Beispiel unsrer »Gastfreundschaft«:   36.18

for example our "hospitality":

36.19 **wie es die Gefahr der Gefahren bei hochgearteten und reichen Seelen ist, welche verschwenderisch, fast gleichgültig mit sich selbst umgehn und die Tugend der Liberalität bis zum Laster treiben.**

as is the danger of the dangers with high-minded and rich souls who treat themselves lavishly, almost indifferently, and push the virtue of liberality to the point of vice.

36.20 **Man muss wissen, sich zu bewahren:**

One must know how to preserve oneself:

36.21 **stärkste Probe der Unabhängigkeit.**

the strongest test of independence.

— **42** —

38.1 **Eine neue Gattung von Philosophen kommt herauf:**

A new breed of philosophers is coming up:

38.2 **ich wage es, sie auf einen nicht ungefährlichen Namen zu taufen.**

I dare to baptize them with a name that is not without danger.

38.3 **So wie ich sie errathe, so wie sie sich errathen lassen –**

As I guess at them, as they allow themselves to be guessed at –

38.4 **denn es gehört zu ihrer Art, irgend worin Räthsel bleiben zu wollen – ,**

for it is part of their nature to want to remain a mystery of some kind –

möchten diese Philosophen der Zukunft ein Recht, vielleicht auch ein Unrecht darauf haben, als Versucher bezeichnet zu werden. 38.5

these philosophers of the future may have a right, or perhaps an injustice, to be called tempters.

Dieser Name selbst ist zuletzt nur ein Versuch, und, wenn man will, eine Versuchung. 38.6

This name itself is ultimately only an attempt, and, if you like, a temptation.

— **43** —

Sind es neue Freunde der »Wahrheit«, 40.1

Are they new friends of "truth",

diese kommenden Philosophen? Wahrscheinlich genug: 40.2

these upcoming philosophers? Probably enough:

denn alle Philosophen liebten bisher ihre Wahrheiten. 40.3

because all philosophers up to now have loved their truths.

Sicherlich aber werden es keine Dogmatiker sein. 40.4

But they will certainly not be dogmatists.

Es muss ihnen wider den Stolz gehn, auch wider den Geschmack, wenn ihre Wahrheit gar noch eine Wahrheit für Jedermann sein soll: 40.5

It must go against their pride, even against their taste, if their truth is to be a truth for everyone:

40.6 **was bisher der geheime Wunsch und Hintersinn aller dogmatischen Bestrebungen war.**

which has been the secret wish and ulterior motive of all dogmatic endeavors up to now.

40.7 **»Mein Urtheil ist mein Urtheil:**

"My judgment is my judgment:

40.8 **dazu hat nicht leicht auch ein Anderer das Recht«**

it is not easy for another to have the right to it"

40.9 **– sagt vielleicht solch ein Philosoph der Zukunft.**

– says perhaps such a philosopher of the future.

40.10 **Man muss den schlechten Geschmack von sich abthun, mit Vielen übereinstimmen zu wollen.**

You have to get rid of the bad taste of wanting to agree with many.

40.11 **»Gut«**

"Good"

40.12 **ist nicht mehr gut, wenn der Nachbar es in den Mund nimmt.**

is no longer good when the neighbor puts it in his mouth.

40.13 **Und wie könnte es gar ein »Gemeingut« geben!"**

And how could there even be a "common good!"

40.14 **Das Wort widerspricht sich selbst:**

The word contradicts itself:

40.15 **was gemein sein kann, hat immer nur wenig Werth.**

what can be common always has little value.

40.16 **Zuletzt muss es so stehn, wie es steht und immer stand:**

In the end it must stand as it stands and always has stood:

die grossen Dinge bleiben für die Grossen übrig, 40.17
die Abgründe für die Tiefen, die Zartheiten und
Schauder für die Feinen, und, im Ganzen und Kurzen,
alles Seltene für die Seltenen. –

the great things remain for the great, the abysses for the
deep, the delicacies and shudders for the fine, and, on the
whole and in brief, everything rare for the rare. –

— **44** —

Brauche ich nach alledem noch eigens zu sagen, dass 42.1
auch sie freie, sehr freie Geister sein werden, diese
Philosophen der Zukunft, –

Need I say after all this that they too will be free, very free
spirits, these philosophers of the future, –

so gewiss sie auch nicht bloss freie Geister sein 42.2
werden, sondern etwas Mehreres, Höheres,
Grösseres und Gründlich-Anderes, das nicht
verkannt und verwechselt werden will?

just as they will certainly not be merely free spirits, but
something more, higher, greater and thoroughly different,
which does not want to be misjudged and confused?

Aber, indem ich dies sage, fühle ich fast ebenso sehr 42.3
gegen sie selbst, als gegen uns, die wir ihre Herolde
und Vorläufer sind, wir freien Geister!

But in saying this, I feel almost as much against them as
against us, who are their heralds and forerunners, we free
spirits!

42.4 – die Schuldigkeit, ein altes dummes Vorurtheil und Missverständniss von uns gemeinsam fortzublasen, welches allzulange wie ein Nebel den Begriff
– the duty of blowing away an old stupid prejudice and misunderstanding which for too long has made the term

42.5 »freier Geist« undurchsichtig gemacht hat.
"free spirit" opaque like a fog.

42.6 In allen Ländern Europa's und ebenso in Amerika giebt es jetzt Etwas, das Missbrauch mit diesem Namen treibt, eine sehr enge, eingefangne, an Ketten gelegte Art von Geistern, welche ungefähr das Gegentheil von dem wollen, was in unsern Absichten und Instinkten liegt, –
In all the countries of Europe, as well as in America, there is now something that abuses this name, a very narrow, imprisoned, chained kind of spirit, which wants approximately the opposite of what lies in our intentions and instincts, –

42.7 nicht zu reden davon, dass sie in Hinsicht auf jene heraufkommenden neuen Philosophen erst recht zugemachte Fenster und verriegelte Thüren sein müssen.
not to speak of the fact that they must be all the more shut windows and locked doors with regard to those new philosophers who are coming up.

42.8 Sie gehören, kurz und schlimm, unter die Nivellirer, diese fälschlich genannten
They belong, briefly and badly, among the levelers, these falsely called

42.9 »freien Geister«
"free spirits"

– als beredte und schreibfingrige Sklaven des
demokratischen Geschmacks und seiner

42.10

– as eloquent and writing-fingered slaves of democratic
taste and its

»modernen Ideen«:

42.11

"modern ideas":

allesammt Menschen ohne Einsamkeit, ohne eigne
Einsamkeit, plumpe brave Burschen, welchen weder
Muth noch achtbare Sitte abgesprochen werden
soll, nur dass sie eben unfrei und zum Lachen
oberflächlich sind, vor Allem mit ihrem Grundhange,
in den Formen der bisherigen alten Gesellschaft
ungefähr die Ursache für alles menschliche Elend
und Missrathen zu sehn:

42.12

all of them people without solitude, without solitude of
their own, clumsy good fellows, who should be denied
neither courage nor respectable morals, except that they
are just unfree and superficial to laugh at, above all with
their basic tendency to see in the forms of the previous old
society approximately the cause of all human misery and
abuse:

wobei die Wahrheit glücklich auf den Kopf zu stehn
kommt!

42.13

whereby the truth comes happily to stand on its head!

Was sie mit allen Kräften erstreben möchten, ist
das allgemeine grüne Weide-Glück der Heerde,
mit Sicherheit, Ungefährlichkeit, Behagen,
Erleichterung des Lebens für Jedermann;

42.14

What they want to strive for with all their might is the
general green pasture happiness of the herd, with safety,
harmlessness, comfort, ease of life for everyone;

148

42.15 ihre beiden am reichlichsten abgesungnen Lieder
und Lehren heissen

their two most abundantly sung songs and teachings are
called

42.16 »Gleichheit der Rechte« und »Mitgefühl für alles
Leidende«,

"equality of rights" and "compassion for all suffering",

42.17 – und das Leiden selbst wird von ihnen als Etwas
genommen, das man abschaffen muss.

– and suffering itself is taken by them as something to be
abolished.

42.18 Wir Umgekehrten, die wir uns ein Auge und ein
Gewissen für die Frage aufgemacht haben, wo und
wie bisher die Pflanze

We inverts, who have opened our eyes and consciences to
the question of where and how the plant

42.19 »Mensch«

"man"

42.20 am kräftigsten in die Höhe gewachsen ist, vermeinen,
dass dies jedes Mal unter den umgekehrten
Bedingungen geschehn ist, dass dazu die
Gefährlichkeit seiner Lage erst in's Ungeheure
wachsen, seine Erfindungs - und Verstellungskraft
(sein

has grown most vigorously up to now, suppose that this
has happened each time under the opposite conditions,
that for this the dangerousness of his situation must first
grow into the monstrous, his power of invention and
dissimulation (his

42.21 »Geist« –)

"spirit" –)

unter langem Druck und Zwang sich in's Feine und
Verwegene entwickeln,

42.22

must develop into the fine and daring under long pressure
and compulsion,

sein Lebens-Wille bis zum unbedingten Macht-
Willen gesteigert werden musste:

42.23

his will to live must be increased to the unconditional will
to power:

– wir vermeinen, dass Härte, Gewaltsamkeit,
Sklaverei, Gefahr auf der Gasse und im Herzen,
Verborgenheit, Stoicismus, Versucherkunst und
Teufelei jeder Art, dass alles Böse, Furchtbare,
Tyrannische, Raubthier - und Schlangenhafte am
Menschen so gut zur Erhöhung der Species

42.24

– we suppose that hardness, violence, slavery, danger in the
street and in the heart, concealment, stoicism, temptation
and devilry of every kind, that everything evil, terrible,
tyrannical, predatory and serpentine in man serves as well
to elevate the species

»Mensch« dient, als sein Gegensatz:

42.25

"man" as his opposite:

– wir sagen sogar nicht einmal genug, wenn wir
nur so viel sagen, und befinden uns jedenfalls, mit
unserm Reden und Schweigen an dieser Stelle, am
andern Ende aller modernen Ideologie und Heerden-
Wünschbarkeit:

42.26

– we do not even say enough, if we say only that much, and
are in any case, with our speech and silence at this point, at
the other end of all modern ideology and herd desirability:

als deren Antipoden vielleicht? Was Wunder,
dass wir

42.27

as its antipodes, perhaps? What wonder that we

42.28 »freien Geister« nicht gerade die mittheilsamsten Geister sind?

"free spirits" are not exactly the most compassionate spirits?

42.29 dass wir nicht in jedem Betrachte zu verrathen wünschen, wovon ein Geist sich frei machen kann und wohin er dann vielleicht getrieben wird?

that we do not wish to betray in every consideration what a spirit can free itself from and where it might then be driven?

42.30 Und was es mit der gefährlichen Formel »jenseits von Gut und Böse« auf sich hat,

And what is meant by the dangerous formula "beyond good and evil",

42.31 mit der wir uns zum Mindesten vor Verwechslung behüten:

with which we at least guard against confusion:

42.32 wir sind etwas Anderes als »libres-penseurs«,

we are something other than "libres-penseurs",

42.33 »liberi pensatori«, »Freidenker«

"liberi pensatori", "freethinkers"

42.34 und wie alle diese braven Fürsprecher der

and whatever all these well-behaved advocates of

42.35 »modernen Ideen« sich zu benennen lieben.

"modern ideas" like to call themselves.

42.36 In vielen Ländern des Geistes zu Hause,

We have been at home in many countries of the mind,

42.37 mindestens zu Gaste gewesen;

or at least as guests;

den dumpfen angenehmen Winkeln immer wieder 42.38
entschlüpft, in die uns Vorliebe und Vorhass, Jugend,
Abkunft, der Zufall von Menschen und Büchern, oder
selbst die Ermüdungen der Wanderschaft zu bannen
schienen;
we have repeatedly escaped from the dull, pleasant
corners into which preference and hatred, youth, origin,
the chance of people and books, or even the fatigue of
wandering seemed to banish us;

voller Bosheit gegen die Lockmittel der Abhängigkeit, 42.39
welche in Ehren, oder Geld, oder Ämtern, oder
Begeisterungen der Sinne versteckt liegen;
full of malice against the lures of dependence, which lie
hidden in honors, or money, or offices, or enthusiasms of
the senses;

dankbar sogar gegen Noth und wechselreiche 42.40
Krankheit,
grateful even against adversity and changeful illness,

weil sie uns immer von irgend einer Regel und ihrem 42.41
because it always freed us from some rule and its

»Vorurtheil« 42.42
"prejudice", grateful even in the face of adversity and
changeful illness, because it always freed us from some
rule and its

42.43 losmachte, dankbar gegen Gott, Teufel, Schlaf und Wurm in uns, neugierig bis zum Laster, Forscher bis zur Grausamkeit, mit unbedenklichen Fingern für Unfassbares, mit Zähnen und Mägen für das Unverdaulichste, bereit zu jedem Handwerk, das Scharfsinn und scharfe Sinne verlangt, bereit zu jedem Wagniss, Dank einem Überschusse von

"prejudice", grateful against God, the devil, sleep and the worm in us, curious to the point of vice, inquiring to the point of cruelty, with unquestioning fingers for the incomprehensible, with teeth and stomachs for the most indigestible, ready for any craft that requires acumen and keen senses, ready for any venture, thanks to a surplus of

42.44 »freiem Willen«, mit Vorder - und Hinterseelen, denen Keiner leicht in die letzten Absichten sieht, mit Vorder - und Hintergründen, welche kein Fuss zu Ende laufen dürfte, Verborgene unter den Mänteln des Lichts, Erobernde, ob wir gleich Erben und Verschwendern gleich sehn, Ordner und Sammler von früh bis Abend, Geizhälse unsres Reichthums und unsrer vollgestopften Schubfächer, haushälterisch im Lernen und Vergessen, erfinderisch in Schematen, mitunter stolz auf Kategorien-Tafeln, mitunter Pedanten, mitunter Nachteulen der Arbeit auch am hellen Tage;

"free will", with front and back souls, with front and back souls that no one can easily see the ultimate intentions of, with foregrounds and backgrounds that no foot is likely to finish, hidden under the cloaks of light, conquerors, whether we see heirs and wasters alike, filers and collectors from morning till night, misers of our wealth and our stuffed drawers, economical in learning and forgetting, inventive in schemes, sometimes proud of category boards, sometimes pedants, sometimes night owls of work even in broad daylight;

ja, wenn es noth thut, selbst Vogelscheuchen – und heute thut es noth:

42.45

yes, if necessary, even scarecrows – and today it is necessary:

nämlich insofern wir die geborenen geschworenen eifersüchtigen Freunde der Einsamkeit sind,

42.46

namely in so far as we are the born sworn jealous friends of solitude,

unsrer eignen tiefsten mitternächtlichsten mittäglichsten Einsamkeit:

42.47

of our own deepest midnight-midday solitude:

– eine solche Art Menschen sind wir, wir freien Geister!

42.48

– such a kind of people are we, we free spirits!

und vielleicht seid auch ihr etwas davon, ihr Kommenden?

42.49

and perhaps you too are one of them, you coming ones?

ihr neuen Philosophen? –

42.50

you new philosophers? –

Drittes Hauptstück: Das religiöse Wesen.

Third Main Section: The Religious Being.

— **45** —

2.1 Die menschliche Seele und ihre Grenzen, der bisher überhaupt erreichte Umfang menschlicher innerer Erfahrungen, die Höhen, Tiefen und Fernen dieser Erfahrungen, die ganze bisherige Geschichte der Seele und ihre noch unausgetrunkenen Möglichkeiten:

The human soul and its limits, the extent of human inner experiences achieved so far, the heights, depths and distances of these experiences, the entire history of the soul to date and its as yet untapped possibilities:

2.2 das ist für einen geborenen Psychologen und Freund der »grossen Jagd« das vorbestimmte Jagdbereich.

this is the predetermined hunting ground for a born psychologist and friend of the "great hunt".

2.3 Aber wie oft muss er sich verzweifelt sagen:

But how often must he say to himself in despair:

155

»ein Einzelner! ach, nur ein Einzelner!   2.4

"one individual! oh, just one individual!

und dieser grosse Wald und Urwald!«   2.5

and this great forest and jungle!"

Und so wünscht er sich einige hundert Jagdgehülfen   2.6
und feine gelehrte Spürhunde, welche er in die
Geschichte der menschlichen Seele treiben könnte,
um dort sein Wild zusammenzutreiben.

And so he wished he had a few hundred hunting
companions and some fine, learned scent hounds that
he could drive into the history of the human soul in order
to round up his game there.

Umsonst: 2.7

But in vain:

er erprobt es immer wieder, gründlich und bitterlich,   2.8
wie schlecht zu allen Dingen, die gerade seine
Neugierde reizen, Gehülfen und Hunde zu finden
sind.

he tries again and again, thoroughly and bitterly, how
difficult it is to find assistants and dogs for all the things
that excite his curiosity.

Der Übelstand, den es hat, Gelehrte auf neue und   2.9
gefährliche Jagdbereiche auszuschicken, wo Muth,
Klugheit, Feinheit in jedem Sinne noth thun, liegt
darin, dass sie gerade dort nicht mehr brauchbar
sind, wo die

The evil of sending scholars out into new and dangerous
hunting grounds, where courage, prudence and subtlety
are needed in every sense, lies in the fact that they are no
longer useful precisely where the

»grosse Jagd«, aber auch die grosse Gefahr beginnt: 2.10

"great hunt", but also the great danger, begins:

2.11 – gerade dort verlieren sie ihr Spürauge und ihre Spürnase.

– precisely there they lose their scouting eye and their nose.

2.12 Um zum Beispiel zu errathen und festzustellen, was für eine Geschichte bisher das Problem von Wissen und Gewissen in der Seele der homines religiosi gehabt hat, dazu müsste Einer vielleicht selbst so tief, so verwundet, so ungeheuer sein, wie es das intellektuelle Gewissen Pascal's war:

For example, in order to guess and determine what kind of history the problem of knowledge and conscience has had in the soul of the homines religiosi, one would perhaps have to be as deep, as wounded, as monstrous as Pascal's intellectual conscience was:

2.13 und dann bedürfte es immer noch jenes ausgespannten Himmels von heller, boshafter Geistigkeit, welcher von Oben herab dies Gewimmel von gefährlichen und schmerzlichen Erlebnissen zu übersehn, zu ordnen, in Formeln zu zwingen vermöchte.

and then there would still be a need for that expansive sky of bright, malicious spirituality, which from above would be able to overlook, to organize, to force into formulas this mass of dangerous and painful experiences.

2.14 – Aber wer thäte mir diesen Dienst!

– But who would do me this service!

2.15 Aber wer hätte Zeit, auf solche Diener zu warten!

But who would have time to wait for such servants!

2.16 – sie wachsen ersichtlich zu selten,

– They obviously grow too rarely,

2.17 sie sind zu allen Zeiten so unwahrscheinlich!

they are so unlikely at all times!

Zuletzt muss man Alles selber thun,   2.18

Finally,

um selber Einiges zu wissen: 2.19

one must do everything oneself in order to know
something oneself:

das heisst, man hat viel zu thun!   2.20

that is to say, one has much to do!

– Aber eine Neugierde meiner Art bleibt nun einmal   2.21
das angenehmste aller Laster, –

– But a curiosity of my kind remains, after all, the most
pleasant of all vices, –

Verzeihung! ich wollte sagen: 2.22

pardon me! I meant to say:

die Liebe zur Wahrheit hat ihren Lohn im Himmel   2.23
und schon auf Erden. –

the love of truth has its reward in heaven and already on
earth. –

— **46** —

4.1 Der Glaube, wie ihn das erste Christenthum verlangt und nicht selten erreicht hat, inmitten einer skeptischen und südlich-freigeisterischen Welt, die einen Jahrhunderte langen Kampf von Philosophenschulen hinter sich und in sich hatte, hinzugerechnet die Erziehung zur Toleranz, welche das imperium Romanum gab, –

The faith which the first Christianity demanded and not infrequently attained, in the midst of a skeptical and southern-freethinking world which had a centuries-long struggle of schools of philosophy behind it and within it, added to the education in tolerance which the imperium Romanum gave, –

4.2 dieser Glaube ist nicht jener treuherzige und bärbeissige Unterthanen-Glaube, mit dem etwa ein Luther oder ein Cromwell oder sonst ein nordischer Barbar des Geistes an ihrem Gotte und Christenthum gehangen haben;

this faith is not that loyal and bearish subject faith with which, say, a Luther or a Cromwell or some other northern barbarian of the spirit clung to their God and Christianity;

4.3 viel eher scholl jener Glaube Pascal's, der auf schreckliche Weise einem dauernden Selbstmorde der Vernunft ähnlich sieht, –

rather that faith of Pascal's, which resembles in a terrible way a permanent suicide of reason, –

4.4 einer zähen langlebigen wurmhaften Vernunft,

a tenacious long-lived worm-like reason,

4.5 die nicht mit Einem Male und Einem Streiche todtzumachen ist.

which cannot be put to death with one stroke and one blow.

Der christliche Glaube ist von Anbeginn Opferung: 4.6
The Christian faith is sacrifice from the very beginning:

Opferung aller Freiheit, alles Stolzes, aller   4.7
Selbstgewissheit des Geistes;
sacrifice of all freedom, all pride, all self-assurance of the
spirit;

zugleich Verknechtung und Selbst-Verhöhnung,   4.8
at the same time enslavement and self-mockery,

Selbst-Verstümmelung.   4.9
self-mutilation.

Es ist Grausamkeit und religiöser Phönicismus in   4.10
diesem Glauben, der einem mürben, vielfachen und
viel verwöhnten, Gewissen zugemuthet wird:
There is cruelty and religious Phoenicianism in this faith,
which is imposed on a weary, multiple and much spoiled
conscience:

seine Voraussetzung ist, dass die Unterwerfung   4.11
des Geistes unbeschreiblich wehe thut, dass die
ganze Vergangenheit und Gewohnheit eines solchen
Geistes sich gegen das Absurdissimum wehrt, als
welches ihm der
its precondition is that the subjugation of the spirit hurts
indescribably, that the whole past and habit of such a spirit
resists the absurdissimum as which

»Glaube« entgegentritt.   4.12
"faith" confronts it.

160

4.13 **Die modernen Menschen, mit ihrer Abstumpfung gegen alle christliche Nomenklatur, fühlen das Schauerlich-Superlativische nicht mehr nach, das für einen antiken Geschmack in der Paradoxie der Formel »Gott am Kreuze« lag.**

Modern men, with their callousness against all Christian nomenclature, no longer feel the gruesome superlative which, for an ancient taste, lay in the paradox of the formula "God on the cross".

4.14 **Es hat bisher noch niemals und nirgendswo eine gleiche Kühnheit im Umkehren, etwas gleich Furchtbares, Fragendes und Fragwürdiges gegeben wie diese Formel:**

Never before and nowhere has there been such a boldness in reversal, something equally frightening, questioning and dubious as this formula:

4.15 **sie verhiess eine Umwerthung aller antiken Werthe.**

it promised a revaluation of all ancient values.

4.16 **– Es ist der Orient, der tiefe Orient, es ist der orientalische Sklave, der auf diese Weise an Rom und seiner vornehmen und frivolen Toleranz, am römischen**

– It is the Orient, the deep Orient, it is the Oriental slave who in this way took revenge on Rome and its noble and frivolous tolerance, on the Roman

4.17 **»Katholicismus« des Glaubens Rache nahm:**

"catholicism" of faith:

– und immer war es nicht der Glaube, sondern
die Freiheit vom Glauben, jene halb stoische und
lächelnde Unbekümmertheit um den Ernst des
Glaubens, was die Sklaven an ihren Herrn, gegen
ihre Herrn empört hat.

4.18

– and it was always not faith, but freedom from faith, that
half stoical and smiling unconcern for the seriousness
of faith, which outraged the slaves against their masters,
against their masters.

Die »Aufklärung« empört:

4.19

The "Enlightenment" outrages:

der Sklave nämlich will Unbedingtes, er versteht
nur das Tyrannische, auch in der Moral, er liebt
wie er hasst, ohne Nuance, bis in die Tiefe, bis zum
Schmerz, bis zur Krankheit, –

4.20

the slave wants the unconditional, he understands only the
tyrannical, even in morality, he loves as he hates, without
nuance, to the depths, to pain, to illness, –

sein vieles verborgenes Leiden empört sich gegen den
vornehmen Geschmack, der das Leiden zu leugnen
scheint.

4.21

his much hidden suffering is outraged against the noble
taste that seems to deny suffering.

Die Skepsis gegen das Leiden, im Grunde nur eine
Attitude der aristokratischen Moral, ist nicht am
wenigsten auch an der Entstehung des letzten
grossen Sklaven-Aufstandes betheiligt, welcher mit
der französischen Revolution begonnen hat.

4.22

The skepticism against suffering, basically only an attitude
of aristocratic morality, is not the least involved in the
emergence of the last great slave revolt, which began with
the French Revolution.

— 47 —

6.1 Wo nur auf Erden bisher die religiöse Neurose aufgetreten ist,

Wherever religious neurosis has occurred on earth,

6.2 finden wir sie verknüpft mit drei gefährlichen Diät-Verordnungen:

we find it linked to three dangerous dietary prescriptions:

6.3 Einsamkeit, Fasten und geschlechtlicher Enthaltsamkeit, –

Loneliness, fasting and sexual abstinence, –

6.4 doch ohne dass hier mit Sicherheit zu entscheiden wäre, was da Ursache, was Wirkung sei, und ob hier überhaupt ein Verhältniss von Ursache und Wirkung vorliege.

but without it being possible to decide with certainty what is cause and what is effect, and whether there is a relationship of cause and effect here at all.

6.5 Zum letzten Zweifel berechtigt, dass gerade zu ihren regelmässigsten Symptomen, bei wilden wie bei zahmen Völkern, auch die plötzlichste ausschweifendste Wollüstigkeit gehört, welche dann, ebenso plötzlich, in Busskrampf und Welt - und Willens-Verneinung umschlägt:

The fact that among their most regular symptoms, in both wild and tame peoples, there is also the most sudden and extravagant voluptuousness, which then, just as suddenly, turns into a spasm of repentance and a denial of the world and the will:

6.6 beides vielleicht als maskirte Epilepsie deutbar?

both perhaps interpretable as masked epilepsy?

Aber nirgendswo sollte man sich der Deutungen
mehr entschlagen:

6.7

But nowhere should one avoid interpretations any longer:

um keinen Typus herum ist bisher eine solche Fülle
von Unsinn und Aberglauben aufgewachsen, keiner
scheint bisher die Menschen, selbst die Philosophen,
mehr interessirt zu haben, – es wäre an der Zeit, hier
gerade ein Wenig kalt zu werden, Vorsicht zu lernen,
besser noch:

6.8

no other type has so far been surrounded by such a
wealth of nonsense and superstition, none seems to have
interested people, even philosophers, more – it would be
time to become a little cold here, to learn caution, better
still:

wegzusehn, wegzugehn.

6.9

to look away, to go away.

– Noch im Hintergrunde der letztgekommenen
Philosophie, der Schopenhauerischen, steht,
beinahe als das Problem an sich, dieses schauerliche
Fragezeichen der religiösen Krisis und Erweckung.

6.10

– In the background of Schopenhauer's latest philosophy,
almost as a problem in itself, there is this terrible question
mark of religious crisis and revival.

Wie ist Willensverneinung möglich?

6.11

How is negation of the will possible?

wie ist der Heilige möglich?

6.12

how is the saint possible?

– das scheint wirklich die Frage gewesen zu sein,
bei der Schopenhauer zum Philosophen wurde und
anfieng.

6.13

– that really seems to have been the question with which
Schopenhauer became a philosopher and began.

6.14 Und so war es eine äct Schopenhauerische Consequenz, dass sein überzeugtester Anhänger (vielleicht auch sein letzter, was Deutschland betrifft –), nämlich Richard Wagner, das eigne Lebenswerk gerade hier zu Ende brachte und zuletzt noch jenen furchtbaren und ewigen Typus als Kundry auf der Bühne vorführte, type vécu, und wie er leibt und lebt;

And so it was a truly Schopenhauerian consequence that his most convinced follower (perhaps also his last, as far as Germany is concerned), namely Richard Wagner, brought his own life's work to an end here and finally presented that terrible and eternal type as Kundry on the stage, type vécu, and as he lives and breathes;

6.15 zu gleicher Zeit, wo die Irrenärzte fast aller Länder Europa's einen Anlass hatten, ihn aus der Nähe zu studiren, überall, wo die religiöse Neurose – oder, wie ich es nenne, »das religiöse Wesen« – als »Heilsarmee« ihren letzten epidemischen Ausbruch und Aufzug gemacht hat.

at the same time that the lunatic doctors of almost every country in Europe had an opportunity to study him at close quarters, everywhere where the religious neurosis – or, as I call it, "the religious being" – made its last epidemic outbreak and appearance as an "army of salvation".

6.16 – Fragt man sich aber, was eigentlich am ganzen Phänomen des Heiligen den Menschen aller Art und Zeit, auch den Philosophen, so unbändig interessant gewesen ist:

– But if we ask ourselves what it is about the whole phenomenon of the saint that has been of such irrepressible interest to people of all kinds and times, including philosophers:

so ist es ohne allen Zweifel der ihm, anhaftende
Anschein des Wunders, nämlich der unmittelbaren
Aufeinanderfolge von Gegensätzen, von moralisch
entgegengesetzt gewertheten Zuständen der Seele:

6.17

it is undoubtedly the appearance of a miracle that clings
to it, namely the immediate succession of opposites, of
morally opposed states of the soul:

man glaubte hier mit Händen zu greifen, dass aus
einem

6.18

it was believed that a

»schlechten Menschen« mit Einem Male ein
»Heiliger«,

6.19

"bad person" could suddenly become a "saint",

ein guter Mensch werde.

6.20

a good person.

Die bisherige Psychologie litt an dieser Stelle
Schiffbruch:

6.21

Previous psychology suffered shipwreck at this point:

sollte es nicht vornehmlich darum geschehen sein,
weil sie sich unter die Herrschaft der Moral gestellt
hatte, weil sie an die moralischen Werth-Gegensätze
selbst glaubte, und diese Gegensätze in den Text und
Thatbestand hineinsah, hineinlas, hinein deutete?

6.22

shouldn't it have happened primarily because it had placed
itself under the rule of morality, because it believed in
the moral value opposites themselves, and saw, read and
interpreted these opposites into the text and facts?

– Wie? Das »Wunder« nur ein Fehler der
Interpretation?

6.23

– How? The "miracle" just an error of interpretation?

6.24 **Ein Mangel an Philologie? –**
A lack of philology? –

— **48** —

8.1 **Es scheint, dass den lateinischen Rassen ihr Katholicismus viel innerlicher zugehört, als uns Nordländern das ganze Christentum überhaupt:**
It seems that the Latin races are much more inwardly attached to their Catholicism than we Northerners are to all Christianity:

8.2 **und dass folglich der Unglaube in katholischen Ländern etwas ganz Anderes zu bedeuten hat, als in protestantischen – nämlich eine Art Empörung gegen den Geist der Rasse, während er bei uns eher eine Rückkehr zum Geist (oder Ungeist –) der Rasse ist.**
and that consequently unbelief in Catholic countries means something quite different from what it does in Protestant countries - namely, a kind of revolt against the spirit of the race, while with us it is rather a return to the spirit (or un-spirit) of the race.

8.3 **Wir Nordländer stammen unzweifelhaft aus Barbaren-Rassen,**
We northerners are undoubtedly descended from barbarian races,

8.4 **auch in Hinsicht auf unsere Begabung zur Religion:**
also in respect of our gift for religion:

8.5 **wir sind schlecht für sie begabt.**
we are badly gifted for it.

Man darf die Kelten ausnehmen,   8.6
The Celts may be excepted,

welche deshalb auch den besten Boden für die   8.7
Aufnahme der christlichen Infektion im Norden
abgegeben haben:
who have therefore furnished the best soil for the reception
of the Christian infection in the North:

– in Frankreich kam das christliche Ideal, soweit es   8.8
nur die blasse Sonne des Nordens erlaubt hat, zum
Ausblühen.
– in France the Christian ideal, as far as the pale sun of the
North permitted, came to flourish.

Wie fremdartig fromm sind unserm Geschmack   8.9
selbst diese letzten französischen Skeptiker noch,
How strangely pious even these last French skeptics are to
our taste,

sofern etwas keltisches Blut in ihrer Abkunft ist!   8.10
if there is any Celtic blood in their ancestry!

Wie katholisch,   8.11
How Catholic,

wie undeutsch riecht uns Auguste Comte's Sociologie   8.12
mit ihrer römischen Logik der Instinkte!
how un-German Auguste Comte's sociology with its Roman
logic of instincts smells to us!

Wie jesuitisch jener liebenswürdige und kluge   8.13
Cicerone von Port-Royal, Sainte-Beuve, trotz all
seiner Jesuiten-Feindschaft!
How Jesuitical that amiable and clever Cicerone of Port-
Royal, Sainte-Beuve, despite all his hostility to the Jesuits!

8.14 **Und gar Ernest Renan:**

And even Ernest Renan:

8.15 **wie unzugänglich klingt uns Nordländern die Sprache solch eines Renan, in dem alle Augenblicke irgend ein Nichts von religiöser Spannung seine in feinerem Sinne wollüstige und bequem sich bettende Seele um ihr Gleichgewicht bringt!**

how inaccessible the language of such a Renan sounds to us northerners, in whom every moment some nothing of religious tension upsets the balance of his soul, which in a finer sense is voluptuous and comfortably bedded!

8.16 **Man spreche ihm einmal diese schönen Sätze nach, –**

Just repeat these beautiful sentences after him –

8.17 **und was für Bosheit und Übermuth regt sich sofort in unserer wahrscheinlich weniger schönen und härteren,**

and what malice and arrogance immediately stirs in our probably less beautiful and harder,

8.18 **nämlich deutscheren Seele als Antwort! –**

namely more German soul in response! –

8.19 **»disons donc hardiment que la religion est un produit de l'homme normal,**

"disons donc hardiment que la religion est un produit de l'homme normal,

8.20 **que l'homme est le plus dans le vrai quand il est le plus religieux et le plus assuré d'une destinée infinie …**

que l'homme est le plus dans le vrai quand il est le plus religieux et le plus assuré d'une destinée infinie …

C'est quand il est bon qu'il veut que la vertu corresponde à un ordre éternel,

8.21

C'est quand il est bon qu'il veut que la vertu corresponde à un ordre éternel,

c'est quand il contemple les choses d'une manière désintéressée qu'il trouve la mort révoltante et absurde.

8.22

c'est quand il contemple les choses d'une manière désintéressée qu'il trouve la mort révoltante et absurde.

Comment ne pas supposer que c'est dans ces moments-là,

8.23

Comment ne pas supposer que c'est dans ces moments-là,

que l'homme voit le mieux? " « ...

8.24

que l'homme voit le mieux? " ...

Diese Sätze sind meinen Ohren und Gewohnheiten so sehr antipodisch, dass, als ich sie fand, mein erster Ingrimm daneben schrieb

8.25

These sentences are so antipodean to my ears and habits that, when I found them, my first indignation wrote next to them

»la niaiserie religieuse par excellence!«

8.26

"la niaiserie religieuse par excellence!"

– bis mein letzter Ingrimm sie gar noch lieb gewann,

8.27

– until my last resentment made me love them even more,

diese Sätze mit ihrer auf den Kopf gestellten Wahrheit!

8.28

these sentences with their upside-down truth!

8.29 **Es ist so artig, so auszeichnend, seine eignen Antipoden zu haben!**

It's so nice, so distinguishing to have your own antipodes!

— 49 —

10.1 **Das, was an der Religiosität der alten Griechen staunen macht, ist die unbändige Fülle von Dankbarkeit, welche sie ausströmt:**

What is astonishing about the religiosity of the ancient Greeks is the irrepressible abundance of gratitude that it exudes:

10.2 **– es ist eine sehr vornehme Art Mensch, welche so vor der Natur und vor dem Leben steht!**

– it is a very noble kind of person who stands before nature and before life in this way!

10.3 **– Später, als der Pöbel in Griechenland zum Übergewicht kommt, überwuchert die Furcht auch in der Religion;**

– Later, when the mob became predominant in Greece, fear also overcame religion;

10.4 **und das Christenthum bereitete sich vor. –**

and Christianity prepared itself. –

— **50** —

Die Leidenschaft für Gott: 12.1

The passion for God:

es giebt bäurische, treuherzige und zudringliche 12.2
Arten, wie die Luther's, –

there are rustic, faithful and intrusive kinds, like
Luther's, –

der ganze Protestantismus entbehrt der südlichen 12.3
delicatezza.

the whole Protestantism lacks the southern delicatezza.

Es giebt ein orientalisches Aussersichsein darin, wie 12.4
bei einem unverdient begnadeten oder erhobenen
Sklaven, zum Beispiel bei Augustin, der auf eine
beleidigende Weise aller Vornehmheit der Gebärden
und Begierden ermangelt.

There is in it an Oriental extravagance, as in an
undeservedly gifted or exalted slave, for example in
Augustine, who is insultingly devoid of all nobility of
gesture and desire.

Es giebt frauenhafte Zärtlichkeit und Begehrlichkeit 12.5
darin,

There is womanish tenderness and covetousness in it,

welche schamhaft und unwissend nach einer unio 12.6
mystica et physica drängt:

which shamefacedly and ignorantly urges a unio mystica et
physica:

wie bei Madame de Guyon. 12.7

as in Madame de Guyon.

172

12.8 In vielen Fällen erscheint sie wunderlich genug als Verkleidung der Pubertät eines Mädchens oder Jünglings;

In many cases it appears strangely enough as the disguise of a girl's or boy's puberty;

12.9 hier und da selbst als Hysterie einer alten Jungfer,

here and there even as the hysteria of an old maid,

12.10 auch als deren letzter Ehrgeiz:

even as her last ambition:

12.11 – die Kirche hat das Weib schon mehrfach in einem solchen Falle heilig gesprochen.

– the Church has canonized the woman several times in such a case.

— 51 —

14.1 Bisher haben sich die mächtigsten Menschen immer noch verehrend vor dem Heiligen gebeugt, als dem Räthsel der Selbstbezwingung und absichtlichen letzten Entbehrung:

Up to now, the most powerful people have always bowed in reverence before the saint, as the enigma of self-conquest and deliberate ultimate deprivation:

14.2 warum beugten sie sich? Sie ahnten in ihm –

why did they bow? They sensed in him –

14.3 und gleichsam hinter dem Fragezeichen seines gebrechlichen und kläglichen Anscheins –

and, as it were, behind the question mark of his frail and pitiful appearance –

die überlegene Kraft, welche sich an einer solchen
Bezwingung erproben wollte, die Stärke des Willens,
in der sie die eigne Stärke und herrschaftliche Lust
wieder erkannten und zu ehren wussten:

14.4

the superior power that wanted to test itself in such a
conquest, the strength of will in which they recognized
and knew how to honour their own strength and lordly
pleasure:

sie ehrten Etwas an sich, wenn sie den Heiligen
ehrten.

14.5

they honoured something in themselves when they
honoured the saint.

Es kam hinzu,

14.6

In addition,

dass der Anblick des Heiligen ihnen einen Argwohn
eingab:

14.7

the sight of the saint made them suspicious:

ein solches Ungeheures von Verneinung, von Wider-
Natur wird nicht umsonst begehrt worden sein, so
sagten und fragten sie sich.

14.8

such a monstrosity of negation, of anti-nature, could not
have been desired in vain, they said and asked themselves.

Es giebt vielleicht einen Grund dazu, eine ganz
grosse Gefahr, über welche der Asket, Dank seinen
geheimen Zusprechern und Besuchern, näher
unterrichtet sein möchte?

14.9

Perhaps there is a reason for this, a very great danger,
about which the ascetic, thanks to his secret confidants and
visitors, would like to be better informed?

14.10 Genug, die Mächtigen der Welt lernten vor ihm eine neue Furcht, sie ahnten eine neue Macht, einen fremden, noch unbezwungenen Feind:

Enough, the mighty of the world learned a new fear before him, they sensed a new power, a foreign, as yet unconquered enemy:

14.11 – der »Wille zur Macht«

– it was the "will to power"

14.12 war es, der sie nöthigte, vor dem Heiligen stehen zu bleiben.

that compelled them to stop before the saint.

14.13 Sie mussten ihn fragen ––

They had to ask him —

— 52 —

16.1 Im jüdischen

In the Jewish

16.2 »alten Testament«, dem Buche von der göttlichen Gerechtigkeit, giebt es Menschen, Dinge und Reden in einem so grossen Stile, dass das griechische und indische Schriftenthum ihm nichts zur Seite zu stellen hat.

"Old Testament", the book of divine justice, there are people, things and speeches in such a great style that Greek and Indian literature has nothing to compare with it.

Man steht mit Schrecken und Ehrfurcht vor diesen ungeheuren Überbleibseln dessen, was der Mensch einstmals war, und wird dabei über das alte Asien und sein vorgeschobenes Halbinselchen Europa, das durchaus gegen Asien den

16.3

One stands with horror and awe before these immense remnants of what man once was, and will have his sad thoughts about ancient Asia and its advanced peninsula of Europe, which would certainly represent the

»Fortschritt des Menschen«

16.4

"progress of man"

bedeuten möchte, seine traurigen Gedanken haben.

16.5

against Asia.

Freilich: wer selbst nur ein dünnes zahmes Hausthier ist und nur Hausthier-Bedürfnisse kennt (gleich unsren Gebildeten von heute, die Christen des

16.6

Of course, he who is himself only a thin tame domestic animal and knows only domestic animal needs (like our educated people of today, the Christians of

»gebildeten«

16.7

"educated"

Christenthums hinzugenommen –), der hat unter jenen Ruinen weder sich zu verwundern, noch gar sich zu betrüben – der Geschmack am alten Testament ist ein Prüfstein in Hinsicht auf

16.8

Christianity included –), has neither to wonder nor even to grieve among those ruins – the taste of the Old Testament is a touchstone with regard to

»Gross« und »Klein« – :

16.9

"great" and "small" – :

16.10 vielleicht, dass er das neue Testament, das Buch von der Gnade, immer noch eher nach seinem Herzen findet (in ihm ist viel von dem rechten zärtlichen dumpfen Betbrüder - und Kleinen-Seelen-Geruch).

perhaps that he still finds the New Testament, the book of grace, more to his heart's liking (in it there is much of the right tender muffled-brother and little-soul odor).

16.11 Dieses neue Testament, eine Art Rokoko des Geschmacks in jedem Betrachte, mit dem alten Testament zu Einem Buche zusammengeleimt zu haben, als

To have glued this New Testament, a kind of rococo of taste in every respect, together with the Old Testament into one book, as a

16.12 »Bibel«, als »das Buch an sich«:

"Bible", as "the book in itself":

16.13 das ist vielleicht die grösste Verwegenheit und »Sünde wider den Geist«, welche das litterarische Europa auf dem Gewissen hat.

that is perhaps the greatest audacity and "sin against the spirit" that literary Europe has on its conscience.

— **53** —

18.1 Warum heute Atheismus? – »Der Vater«

Why atheism today? – "The Father"

18.2 in Gott ist gründlich widerlegt; ebenso »der Richter«,

in God has been thoroughly refuted; likewise "the Judge",

»der Belohner«. Insgleichen sein »freier Wille«: er hört nicht,   18.3

"the Rewarder". Likewise his "free will": he does not hear,

– und wenn er hörte, wüsste er trotzdem nicht zu helfen.   18.4

– and if he heard, he would still not know how to help.

Das Schlimmste ist: er scheint unfähig,   18.5

Worst of all,

sich deutlich mitzutheilen: ist er unklar?   18.6

he seems incapable of communicating clearly: is he unclear?

– Dies ist es, was ich, als Ursachen für den Niedergang des europäischen Theismus, aus vielerlei Gesprächen, fragend, hinhorchend, ausfindig gemacht habe;   18.7

– This is what I have discovered as the cause of the decline of European theism from many conversations, questioning, listening;

es scheint mir, dass zwar der religiöse Instinkt mächtig im Wachsen ist, – dass er aber gerade die theistische Befriedigung mit tiefem Misstrauen ablehnt.   18.8

it seems to me that although the religious instinct is growing powerfully, it rejects theistic satisfaction with deep mistrust.

— **54** —

20.1 **Was thut denn im Grunde die ganze neuere Philosophie?**

What is the whole of modern philosophy actually doing?

20.2 **Seit Descartes – und zwar mehr aus Trotz gegen ihn, als auf Grund seines Vorgangs – macht man seitens aller Philosophen ein Attentat auf den alten Seelen-Begriff, unter dem Anschein einer Kritik des Subjekt - und Prädikat-Begriffs – das heisst: ein Attentat auf die Grundvoraussetzung der christlichen Lehre.**

Since Descartes - and indeed more out of spite against him than on the basis of his approach - all philosophers have been making an attack on the old concept of the soul, under the pretense of a critique of the concept of subject and predicate - that is, an attack on the basic presupposition of Christian doctrine.

20.3 **Die neuere Philosophie, als eine erkenntnisstheoretische Skepsis, ist, versteckt oder offen, antichristlich:**

The newer philosophy, as an epistemological skepticism, is, covertly or overtly, anti-Christian:

20.4 **obschon, für feinere Ohren gesagt, keineswegs antireligiös.**

although, to finer ears, by no means anti-religious.

20.5 **Ehemals nämlich glaubte man an »die Seele«,**

In the past, people believed in "the soul",

20.6 **wie man an die Grammatik und das grammatische Subjekt glaubte:**

just as they believed in grammar and the grammatical subject:

man sagte, »Ich« ist Bedingung, »denke« 20.7
they said that "I" is a condition, "think"

ist Prädikat und bedingt – 20.8
is a predicate and conditional –

Denken ist eine Thätigkeit, zu der ein Subjekt als 20.9
Ursache gedacht werden muss.
thinking is an activity for which a subject must be thought
as a cause.

Nun versuchte man, mit einer 20.10
bewunderungswürdigen Zähigkeit und List, ob man
nicht aus diesem Netze heraus könne, –
Now, with admirable tenacity and cunning, they tried to
find out whether it was possible to get out of this net –

ob nicht vielleicht das Umgekehrte wahr sei: »denke« 20.11
whether the reverse might not be true: "think"

Bedingung, »Ich« bedingt; »Ich« 20.12
is condition, "I" is conditioned; "I"

also erst eine Synthese, welche durch das Denken 20.13
selbst gemacht wird.
is thus only a synthesis that is made by thinking itself.

Kant wollte im Grunde beweisen, dass vom Subjekt 20.14
aus das Subjekt nicht bewiesen werden könne, –
Kant basically wanted to prove that the subject could not be
proven from the subject –

das Objekt auch nicht: 20.15
nor could the object:

die Möglichkeit einer Scheinexistenz des Subjekts, 20.16
the possibility of a pseudo-existence of the subject,

20.17 also

i.e.

20.18 »der Seele«, mag ihm nicht immer fremd gewesen sein, jener Gedanke, welcher als Vedanta-Philosophie schon einmal und in ungeheurer Macht auf Erden dagewesen ist.

"the soul", may not always have been alien to him, that thought which, as Vedanta philosophy, has already existed on earth once and with tremendous power.

— 55 —

22.1 Es giebt eine grosse Leiter der religiösen Grausamkeit,

There is a great ladder of religious cruelty,

22.2 mit vielen Sprossen; aber drei davon sind die wichtigsten.

with many rungs; but three of them are the most important.

22.3 Einst opferte man seinem Gotte Menschen, vielleicht gerade solche, welche man am besten liebte, –

At one time men were sacrificed to their god, perhaps those whom they loved best, –

22.4 dahin gehören die Erstlings-Opfer aller Vorzeit-Religionen, dahin auch das Opfer des Kaisers Tiberius in der Mithrasgrotte der Insel Capri, jener schauerlichste aller römischen Anachronismen.

to this belong the first sacrifices of all prehistoric religions, to this also belongs the sacrifice of the Emperor Tiberius in the Mithras grotto on the island of Capri, that most gruesome of all Roman anachronisms.

Dann, in der moralischen Epoche der Menschheit, 22.5
opferte man seinem Gotte die stärksten Instinkte, die
man besass, seine

Then, in the moral epoch of mankind, one sacrificed to
one's god the strongest instincts one possessed, one's

»Natur«; 22.6
"nature";

diese Festfreude glänzt im grausamen Blicke des 22.7
Asketen,

this festive joy shines in the cruel gaze of the ascetic,

des begeisterten »Wider-Natürlichen«. Endlich: 22.8
the enthusiastic "anti-natural". Finally:

was blieb noch übrig zu opfern? 22.9
what was left to sacrifice?

Musste man nicht endlich einmal alles Tröstliche, 22.10
Heilige, Heilende, alle Hoffnung, allen Glauben an
verborgene Harmonie, an zukünftige Seligkeiten und
Gerechtigkeiten opfern?

Did one not finally have to sacrifice everything comforting,
holy, healing, all hope, all faith in hidden harmony, in
future bliss and justice?

musste man nicht Gott selber opfern und, aus 22.11
Grausamkeit gegen sich, den Stein, die Dummheit,
die Schwere, das Schicksal, das Nichts anbeten?

Did one not have to sacrifice God himself and, out of cruelty
to himself, worship the stone, stupidity, heaviness, fate,
nothingness?

Für das Nichts Gott opfern – 22.12
Sacrifice to God for nothingness –

22.13 **dieses paradoxe Mysterium der letzten Grausamkeit blieb dem Geschlechte, welches jetzt eben herauf kommt, aufgespart:**

this paradoxical mystery of ultimate cruelty has been reserved for the generation that is now coming up:

22.14 **wir Alle kennen schon etwas davon. –**

we all already know something of it. –

— 56 —

24.1 **Wer, gleich mir, mit irgend einer räthselhaften Begierde sich lange darum bemüht hat, den Pessimismus in die Tiefe zu denken und aus der halb christlichen, halb deutschen Enge und Einfalt zu erlösen, mit der er sich diesem Jahrhundert zuletzt dargestellt hat, nämlich in Gestalt der Schopenhauerischen Philosophie;**

Whoever, like me, has long endeavored with some mysterious desire to think pessimism in depth and to redeem it from the half-Christian, half-German narrowness and simplicity with which it last presented itself to this century, namely in the form of Schopenhauerian philosophy;

24.2 **wer wirklich einmal mit einem asiatischen und überasiatischen Auge in die weltverneinendste aller möglichen Denkweisen hinein und hinunter geblickt hat –**

anyone who has really looked with an Asian and supra-Asian eye into and down into the most world-denying of all possible ways of thinking –

jenseits von Gut und Böse, und nicht mehr, wie
Buddha und Schopenhauer, im Bann und Wahne
der Moral –,

24.3

beyond good and evil, and no longer, like Buddha and
Schopenhauer, under the spell and delusion of morality –

der hat vielleicht ebendamit, ohne dass er es
eigentlich wollte, sich die Augen für das umgekehrte
Ideal aufgemacht:

24.4

has perhaps, without actually wanting to, opened his eyes
to the opposite ideal:

für das Ideal des übermüthigsten lebendigsten und
weltbejahendsten Menschen, der sich nicht nur mit
dem, was war und ist, abgefunden und vertragen
gelernt hat, sondern es, so wie es war und ist, wieder
haben will, in alle Ewigkeit hinaus, unersättlich da
capo rufend, nicht nur zu sich, sondern zum ganzen
Stücke und Schauspiele, und nicht nur zu einem
Schauspiele, sondern im Grunde zu Dem, der gerade
dies Schauspiel nöthig hat –

24.5

for the ideal of the most exuberant, lively and world-
affirming man, who has not only come to terms and
learned to tolerate what was and is, but wants to have it
again as it was and is, for all eternity, insatiably calling da
capo, not only to himself, but to the whole play and drama,
and not only to a drama, but basically to Him who has need
of this very drama –

und nöthig macht:

24.6

and makes it needful:

weil er immer wieder sich nöthig hat –

24.7

because he has need of himself again and again –

und nöthig macht — Wie? Und dies wäre nicht –

24.8

and makes himself needy — How? And this would not be –

184

24.9 **circulus vitiosus deus?**
circulus vitiosus deus?

— 57 —

26.1 **Mit der Kraft seines geistigen Blicks und Einblicks wächst die Ferne und gleichsam der Raum um den Menschen:**
With the power of his spiritual gaze and insight, the distance and, as it were, the space around him grows:

26.2 **seine Welt wird tiefer, immer neue Sterne, immer neue Räthsel und Bilder kommen ihm in Sicht.**
his world becomes deeper, ever new stars, ever new riddles and images come into view.

26.3 **Vielleicht war Alles, woran das Auge des Geistes seinen Scharfsinn und Tiefsinn geübt hat, eben nur ein Anlass zu seiner Übung, eine Sache des Spiels, Etwas für Kinder und Kindsköpfe.**
Perhaps everything on which the mind's eye has exercised its acumen and profundity was just an occasion for its exercise, a matter of play, something for children and childish minds.

26.4 **Vielleicht erscheinen uns einst die feierlichsten Begriffe, um die am meisten gekämpft und gelitten worden ist, die Begriffe**
Perhaps one day the most solemn concepts, for which the most struggle and suffering has been endured, the concepts of

26.5 **»Gott« und**
"God" and

»Sünde«, nicht wichtiger, als dem alten Manne ein   26.6
Kinder-Spielzeug und Kinder-Schmerz erscheint, –
"sin", will appear to us no more important than a child's
toy and a child's pain appear to the old man, –

und vielleicht hat dann »der alte Mensch«   26.7
and perhaps then "the old man"

wieder ein andres Spielzeug und einen andren   26.8
Schmerz nöthig,
will again have need of another toy and another pain,

– immer noch Kinds genug, ein ewiges Kind!   26.9
– still child enough, an eternal child!

— **58** —

Hat man wohl beachtet, in wiefern zu einem   28.1
eigentlich religiösen Leben (und sowohl zu seiner
mikroskopischen Lieblings-Arbeit der Selbstprüfung,
als zu jener zarten Gelassenheit, welche sich »Gebet«
nennt und eine beständige Bereitschaft für das
»Kommen Gottes« ist) der äussere Müssiggang
oder Halb-Müssiggang noth thut, ich meine der
Müssiggang mit gutem Gewissen, von Alters her,
von Geblüt, dem das Aristokraten-Gefühl nicht ganz
fremd ist, dass Arbeit schändet, –
Has it been considered to what extent external idleness
or semi-idleness is necessary for a truly religious life (and
both for his favorite microscopic work of self-examination
and for that delicate serenity which is called "prayer" and
is a constant readiness for the "coming of God"), I mean
idleness with a good conscience, from old age, from a
bloodline to which the aristocratic feeling is not entirely
alien that work defiles –

28.2 nämlich Seele und Leib gemein macht?

namely, makes soul and body common?

28.3 Und dass folglich die moderne, lärmende, Zeit-
auskaufende, auf sich stolze, dumm-stolze
Arbeitsamkeit, mehr als alles Übrige, gerade zum
»Unglauben« erzieht und vorbereitet?"

And that consequently the modern, noisy, time-spending,
proud of itself, stupidly proud industriousness, more than
anything else, educates and prepares for "unbelief?"

28.4 Unter Denen, welche zum Beispiel jetzt in
Deutschland abseits von der Religion leben, finde
ich Menschen von vielerlei Art und Abkunft der
»Freidenkerei«, vor Allem aber eine Mehrzahl
solcher, denen Arbeitsamkeit, von Geschlecht zu
Geschlecht, die religiösen Instinkte aufgelöst hat:

Among those who now live in Germany, for example, away
from religion, I find people of many kinds and origins
of "freethinking", but above all a majority of those for
whom industriousness, from generation to generation, has
dissolved their religious instincts:

28.5 so dass sie gar nicht mehr wissen, wozu Religionen
nütze sind, und nur mit einer Art stumpfen
Erstaunens ihr Vorhandensein in der Welt gleichsam
registriren.

so that they no longer know what religions are good for,
and only register their existence in the world with a kind of
dull astonishment, as it were.

28.6 Sie fühlen sich schon reichlich in Anspruch
genommen, diese braven Leute, sei es von ihren
Geschäften, sei es von ihren Vergnügungen, gar nicht
zu reden vom

These good people already feel that they have plenty
to occupy them, whether with their business or their
pleasures, not to speak of the

»Vaterlande« und den Zeitungen und den »Pflichten der Familie«:

28.7

"fatherland" and the newspapers and the "duties of the family":

es scheint, dass sie gar keine Zeit für die Religion übrig haben, zumal es ihnen unklar bleibt, ob es sich dabei um ein neues Geschäft oder ein neues Vergnügen handelt, –

28.8

it seems that they have no time for religion at all, especially as it remains unclear to them whether it is a new business or a new pleasure, –

denn unmöglich, sagen sie sich, geht man in die Kirche, rein um sich die gute Laune zu verderben.

28.9

for it is impossible, they say to themselves, to go to church purely to spoil one's good mood.

Sie sind keine Feinde der religiösen Gebräuche;

28.10

They are not enemies of religious customs;

verlangt man in gewissen Fällen, etwa von Seiten des Staates, die Betheiligung an solchen Gebräuchen, so thun sie, was man verlangt, wie man so Vieles thut – ,

28.11

if in certain cases, for instance on the part of the state, they are asked to take part in such customs, they do as they are asked, as they do so many things –

mit einem geduldigen und bescheidenen Ernste und ohne viel Neugierde und Unbehagen:

28.12

with a patient and modest seriousness and without much curiosity or uneasiness:

– sie leben eben zu sehr abseits und ausserhalb, um selbst nur ein Für und Wider in solchen Dingen bei sich nöthig zu finden.

28.13

– they live too much apart and outside to find it necessary to consider the pros and cons of such matters themselves.

28.14 Zu diesen Gleichgültigen gehört heute die Überzahl
der deutschen Protestanten in den mittleren
Ständen,

To these indifferent people belong today the majority of
German Protestants in the middle classes,

28.15 sonderlich in den arbeitsamen grossen Handels - und
Verkehrscentren;

especially in the busy large centers of trade and commerce;

28.16 ebenfalls die Überzahl der arbeitsamen Gelehrten
und der ganze Universitäts-Zubehör (die Theologen
ausgenommen,

likewise the majority of busy scholars and the entire
university staff (with the exception of theologians,

28.17 deren Dasein und Möglichkeit daselbst dem
Psychologen immer mehr und immer feinere Räthsel
zu rathen giebt).

whose existence and opportunity there gives the
psychologist more and more and ever more subtle puzzles
to ponder).

28.18 Man macht sich selten von Seiten frommer oder auch
nur kirchlicher Menschen eine Vorstellung davon,
wieviel guter Wille, man könnte sagen, willkürlicher
Wille jetzt dazu gehört, dass ein deutscher Gelehrter
das Problem der Religion ernst nimmt;

It is seldom imagined on the part of pious or even
ecclesiastical people how much good will, one might say
arbitrary will, is now required for a German scholar to take
the problem of religion seriously;

von seinem ganzen Handwerk her (und, wie gesagt,
von der handwerkerhaften Arbeitsamkeit her, zu
welcher ihn sein modernes Gewissen verpflichtet)
neigt er zu einer überlegenen, beinahe gütigen
Heiterkeit gegen die Religion, zu der sich bisweilen
eine leichte Geringschätzung mischt, gerichtet
gegen die

28.19

From his whole craft (and, as I said, from the craftsman-
like industriousness to which his modern conscience
obliges him) he tends towards a superior, almost
benevolent serenity towards religion, to which a slight
disdain is sometimes mixed, directed against the

»Unsauberkeit«

28.20

"impurity"

des Geistes, welche er überall dort voraussetzt, wo
man sich, noch zur Kirche bekennt.

28.21

of the spirit, which he presupposes everywhere where one
still professes the Church.

Es gelingt dem Gelehrten erst mit Hülfe der
Geschichte (also nicht von seiner persönlichen
Erfahrung aus), es gegenüber den Religionen zu
einem ehrfurchtsvollen Ernste und zu einer gewissen
scheuen Rücksicht zu bringen;

28.22

It is only with the help of history (i.e. not from his personal
experience) that the scholar succeeds in bringing himself
to a reverential seriousness and a certain shy consideration
towards religions;

aber wenn er sein Gefühl sogar bis zur Dankbarkeit
gegen sie gehoben hat, so ist er mit seiner Person
auch noch keinen Schritt weit dem, was noch als
Kirche oder Frömmigkeit besteht, näher gekommen:

28.23

but if he has even raised his feeling to the point of gratitude
towards them, he has not yet come a step closer with his
person to what still exists as church or piety:

28.24 **vielleicht umgekehrt.**

perhaps the other way round.

28.25 **Die praktische Gleichgültigkeit gegen religiöse Dinge, in welche hinein er geboren und erzogen ist, pflegt sich bei ihm zur Behutsamkeit und Reinlichkeit zu sublimiren, welche die Berührung mit religiösen Menschen und Dingen scheut;**

The practical indifference to religious things, into which he was born and brought up, tends to sublimate itself in him into caution and purity, which shies away from contact with religious people and things;

28.26 **und es kann gerade die Tiefe seiner Toleranz und Menschlichkeit sein, die ihn vor dem feinen Nothstande ausweichen heisst, welchen das Toleriren selbst mit sich bringt.**

and it may be precisely the depth of his tolerance and humanity that makes him avoid the subtle distress that tolerance itself brings with it.

28.27 **– Jede Zeit hat ihre eigene göttliche Art von Naivetät,**

– Every age has its own divine kind of naiveté,

28.28 **um deren Erfindung sie andre Zeitalter beneiden dürfen:**

the invention of which is the envy of other ages:

– und wie viel Naivetät, verehrungswürdige,
kindliche und unbegrenzt tölpelhafte Naivetät liegt
in diesem Überlegenheits-Glauben des Gelehrten, im
guten Gewissen seiner Toleranz, in der ahnungslosen
schlichten Sicherheit, mit der sein Instinkt den
religiösen Menschen als einen minderwerthigen
und niedrigeren Typus behandelt, über den er selbst
hinaus, hinweg, hinauf gewachsen ist, – er, der kleine
anmaassliche Zwerg und Pöbelmann, der fleissig-
flinke Kopf -

– and how much naiveté, worshipful, childish and
indefinitely foolish naiveté lies in this superiority-belief
of the scholar, in the good conscience of his tolerance,
in the unsuspecting simple certainty, with which his
instinct treats the religious man as an inferior and lower
type, beyond which he himself has outgrown, outgrown,
outgrown -

und Handarbeiter der

he, the small, proportionate dwarf and rabble-rouser, the
industrious, nimble-headed and manual worker of

»Ideen«, der »modernen Ideen«!

"ideas", of "modern ideas"!

— **59** —

Wer tief in die Welt gesehen hat, erräth wohl, welche
Weisheit darin liegt, dass die Menschen oberflächlich
sind.

Anyone who has looked deeply into the world can guess
what wisdom lies in the fact that people are superficial.

30.2 Es ist ihr erhaltender Instinkt, der sie lehrt, flüchtig, leicht und falsch zu sein.

It is their sustaining instinct that teaches them to be fleeting, easy, and false.

30.3 Man findet hier und da eine leidenschaftliche und übertreibende Anbetung der

One finds here and there a passionate and exaggerated worship of

30.4 »reinen Formen,« bei Philosophen wie bei Künstlern:

"pure forms," in philosophers as well as in artists:

30.5 möge Niemand zweifeln, dass wer dergestalt den Cultus der Oberfläche nöthig hat, irgend wann einmal einen unglückseligen Griff unter sie gethan hat.

let no one doubt that whoever has such a need for the cult of the surface has, at some time or other, made an unfortunate grasp among them.

30.6 Vielleicht giebt es sogar hinsichtlich dieser verbrannten Kinder, der geborenen Künstler, welche den Genuss des Lebens nur noch in der Absicht finden, sein Bild zu fälschen (gleichsam in einer langwierigen Rache am Leben –),

Perhaps there is even an order of rank with regard to these burnt children, the born artists, who find the enjoyment of life only in the intention of falsifying its image (as it were in a protracted revenge on life –),

auch noch eine Ordnung des Ranges: man könnte den
Grad, in dem ihnen das Leben verleidet ist, daraus
abnehmen, bis wie weit sie sein Bild verfälscht,
verdünnt, verjenseitigt, vergöttlicht zu sehn
wünschen, –

30.7

one could deduce the degree to which they are disgusted
with life from the extent to which they wish to see its image
falsified, diluted, deified, –

man könnte die homines religiosi mit unter die
Künstler rechnen,

30.8

one could count the homines religiosi among the artists,

als ihren höchsten Rang.

30.9

as their highest rank.

Es ist die tiefe argwöhnische Furcht vor einem
unheilbaren Pessimismus, der ganze Jahrtausende
zwingt, sich mit den Zähnen in eine religiöse
Interpretation des Daseins zu verbeissen:

30.10

It is the deep, suspicious fear of an incurable pessimism
that forces entire millennia to bite their teeth into a
religious interpretation of existence:

die Furcht jenes Instinktes, welcher ahnt, dass man
der Wahrheit zu früh habhaft werden könnte, ehe
der Mensch stark genug, hart genug, Künstler genug
geworden ist ...

30.11

the fear of that instinct which suspects that the truth
could be grasped too soon, before man has become strong
enough, hard enough, artist enough ...

30.12 Die Frömmigkeit, das »Leben in Gott«, mit diesem Blicke betrachtet, erschiene dabei als die feinste und letzte Ausgeburt der Furcht vor der Wahrheit, als Künstler-Anbetung und – Trunkenheit vor der consequentesten aller Fälschungen, als der Wille zur Umkehrung der Wahrheit, zur Unwahrheit um jeden Preis.

Piety, the "life in God," seen in this light, would appear as the finest and last spawn of the fear of truth, as an artist's worship and drunkenness before the most consequent of all falsifications, as the will to reverse the truth, to untruth at any price.

30.13 Vielleicht, dass es bis jetzt kein stärkeres Mittel gab, den Menschen selbst zu verschönern, als eben Frömmigkeit:

Perhaps there has hitherto been no stronger means of beautifying man himself than piety:

30.14 durch sie kann der Mensch so sehr Kunst, Oberfläche, Farbenspiel, Güte werden, dass man an seinem Anblicke nicht mehr leidet. –

through it, man can become so much art, surface, play of colors, goodness, that one no longer suffers from the sight of him. –

— **60** —

32.1 Den Menschen zu lieben um Gottes Willen –

To love man for God's sake –

32.2 das war bis jetzt das vornehmste und entlegenste Gefühl, das unter Menschen erreicht worden ist.

that has been the noblest and most remote feeling that has ever been achieved among men.

Dass die Liebe zum Menschen ohne irgendeine
heiligende Hinterabsicht eine Dummheit und
Thierheit mehr ist, dass der Hang zu dieser
Menschenliebe erst von einem höheren Hange
sein Maass, seine Feinheit, sein Körnchen Salz und
Stäubchen Ambra zu bekommen hat:

32.3

That the love of man without any sanctifying ulterior
motive is nothing more than stupidity and foolishness,
that the inclination to this love of man must first receive its
measure, its refinement, its grain of salt and dust of amber
from a higher inclination:

– welcher Mensch es auch war, der dies zuerst
empfunden und

32.4

– whichever man it was who first felt and

»erlebt«

32.5

"experienced"

hat, wie sehr auch seine Zunge gestolpert haben
mag, als sie versuchte, solch eine Zartheit
auszudrücken, er bleibe uns in alle Zeiten heilig und
verehrenswerth, als der Mensch, der am höchsten
bisher geflogen und am schönsten sich verirrt hat!

32.6

this, however much his tongue may have stumbled when
trying to express such delicacy, let him remain sacred
and venerable to us for all time, as the man who has flown
highest so far and lost his way most beautifully!

— 61 —

34.1 **Der Philosoph, wie wir ihn verstehen, wir freien Geister als der Mensch der umfänglichsten Verantwortlichkeit, der das Gewissen für die Gesammt-Entwicklung des Menschen hat:**

The philosopher, as we understand him, we free spirits, as the man of the most comprehensive responsibility, who has the conscience for the overall development of man:

34.2 **dieser Philosoph wird sich der Religionen zu seinem Züchtungs - und Erziehungswerke bedienen,**

this philosopher will make use of religions for his breeding and educational work,

34.3 **wie er sich der jeweiligen politischen und wirthschaftlichen Zustände bedienen wird.**

just as he will make use of the respective political and economic conditions.

34.4 **Der auslesende, züchtende, das heisst immer ebensowohl der zerstörende als der schöpferische und gestaltende Einfluss, welcher mit Hülfe der Religionen ausgeübt werden kann, ist je nach der Art Menschen, die unter ihren Bann und Schutz gestellt werden, ein vielfacher und verschiedener.**

The selecting, breeding, that is to say, the destructive as well as the creative and formative influence, which can be exercised with the help of religions, is manifold and different according to the kind of people who are placed under their spell and protection.

Für die Starken, Unabhängigen, zum Befehlen,   34.5
Vorbereiteten und Vorbestimmten, in denen die
Vernunft und Kunst einer regierenden Rasse leibhaft
wird, ist, Religion ein Mittelmehr, um Widerstände
zu überwinden, um herrschen zu können:

For the strong, independent, prepared, and predestined
to command, in whom the reason and art of a ruling
race become incarnate, religion is a means to overcome
resistance in order to be able to rule:

als ein Band, das Herrscher und Unterthanen   34.6
gemeinsam bindet und die Gewissen der Letzteren,
ihr Verborgenes und Innerlichstes, das sich gerne
dem Gehorsam entziehen möchte, den Ersteren
verräth und überantwortet;

as a bond that binds rulers and subjects together, and
delivers up to the former the consciences of the latter,
their hidden and inmost selves, which would gladly evade
obedience;

und falls einzelne Naturen einer solchen vornehmen   34.7
Herkunft,

and if individual natures of such noble origin,

durch hohe Geistigkeit,   34.8

through high spirituality,

einem abgezogeneren und beschaulicheren   34.9
Leben sich zuneigen und nur die feinste Artung
des Herrschens (über ausgesuchte Jünger oder
Ordensbrüder) sich vorbehalten,

incline to a more secluded and contemplative life,

so kann Religion selbst als Mittel benutzt werden,   34.10

and reserve for themselves only the finest kind of ruling
(over selected disciples or religious brothers),

34.11 sich Ruhe vor dem Lärm und der Mühsal des gröberen Regierens und Reinheit vor dem nothwendigen Schmutz alles Politik-Machens zu schaffen.

then religion itself can be used as a means to create peace from the noise and toil of coarser governing and purity from the necessary dirt of all politicking.

34.12 So verstanden es zum Beispiel die Brahmanen:

This is how the Brahmins, for example, understood it:

34.13 mit Hülfe einer religiösen Organisation gaben sie sich die Macht, dem Volke seine Könige zu ernennen, während sie sich selber abseits und ausserhalb hielten und fühlten, als die Menschen höherer und überköniglicher Aufgaben.

with the help of a religious organization they gave themselves the power to appoint kings to the people, while they kept themselves apart and outside, feeling themselves as people of higher and supra-royal duties.

34.14 Inzwischen giebt die Religion auch einem Theile der Beherrschten Anleitung und Gelegenheit, sich auf einstmaliges Herrschen und Befehlen vorzubereiten, jenen langsam heraufkommenden Klassen und Ständen nämlich, in denen, durch glückliche Ehesitten, die Kraft und Lust des Willens, der Wille zur Selbstbeherrschung, immer im Steigen ist:

Meanwhile, religion also gives guidance and opportunity to a part of the ruled to prepare themselves for one day ruling and commanding, namely those slowly rising classes and estates in which, through happy marital customs, the power and desire of the will, the will to self-control, are always on the rise:

– ihnen bietet die Religion Anstösse und   34.15
Versuchungen genug, die Wege zur höheren
Geistigkeit zu gehen, die Gefühle der grossen
Selbstüberwindung, des Schweigens und der
Einsamkeit zu erproben:

– to them, religion offers sufficient impulses and
temptations to pursue the paths of higher spirituality,
to try out the feelings of great self-conquest, of silence and
solitude:

– Asketismus und Puritanismus sind fast   34.16
unentbehrliche Erziehungs - und Veredelungsmittel,
wenn eine Rasse über ihre Herkunft aus dem
Pöbel Herr werden will und sich zur einstmaligen
Herrschaft emporarbeitet.

– asceticism and puritanism are almost indispensable
means of education and ennoblement, if a race wishes to
become master of its descent from the rabble, and to work
its way up to former dominion.

34.17 Den gewöhnlichen Menschen endlich, den Allermeisten, welche zum Dienen und zum allgemeinen Nutzen da sind und nur insofern dasein dürfen, giebt die Religion eine unschätzbare Genügsamkeit mit ihrer Lage und Art, vielfachen Frieden des Herzens, eine Veredelung des Gehorsams, ein Glück und Leid mehr mit Ihres-Gleichen und Etwas von Verklärung und Verschönerung, Etwas von Rechtfertigung des ganzen Alltags, der ganzen Niedrigkeit, der ganzen Halbthier-Armuth ihrer Seele.

Finally, to ordinary people, to the vast majority, who are there to serve and for the common good, and are only allowed to exist in this respect, religion gives an inestimable contentment with their situation and nature, much peace of heart, an ennoblement of obedience, one more happiness and suffering with their equals, and something of transfiguration and beautification, something of justification of the whole of everyday life, of the whole lowliness, of the whole half-animal poverty of their soul.

34.18 Religion und religiöse Bedeutsamkeit des Lebens legt Sonnenglanz auf solche immer geplagte Menschen und macht ihnen selbst den eigenen Anblick erträglich, sie wirkt, wie eine epikurische Philosophie auf Leidende höheren Ranges zu wirken pflegt, erquickend, verfeinernd, das Leiden gleichsam ausnützend, zuletzt gar heiligend und rechtfertigend.

Religion and the religious significance of life put sunshine on such always afflicted people and make even the sight of themselves bearable for them; it has the same effect as an Epicurean philosophy tends to have on sufferers of higher rank, refreshing, refining, utilizing the suffering, as it were, and finally even sanctifying and justifying it.

Vielleicht ist am Christenthum und Buddhismus nichts so ehrwürdig als ihre Kunst, noch den Niedrigsten anzulehren, sich durch Frömmigkeit in eine höhere Schein-Ordnung der Dinge zu stellen und damit das Genügen an der wirklichen Ordnung, innerhalb deren sie hart genug leben, –

34.19

Perhaps nothing is so venerable in Christianity and Buddhism as their art of instructing even the lowest, of placing themselves through piety in a higher apparent order of things, and thus retaining within themselves the satisfaction of the real order, within which they live hard enough –

und gerade diese Härte thut Noth!

34.20

and it is precisely this hardness that is necessary!

– bei sich festzuhalten.

34.21

– to hold on to themselves.

— 62 —

Zuletzt freilich, um solchen Religionen auch die schlimme Gegenrechnung zu machen und ihre unheimliche Gefährlichkeit an's Licht zu stellen:

36.1

Finally, of course, in order to make the terrible counter-calculation to such religions and to expose their uncanny danger:

36.2 – es bezahlt sich immer theuer und fürchterlich, wenn Religionen nicht als Züchtungs - und Erziehungsmittel in der Hand des Philosophen, sondern von sich aus und souverän walten, wenn sie selber letzte Zwecke und nicht Mittel neben anderen Mitteln sein wollen.

– it always pays dearly and terribly when religions do not act as means of breeding and education in the hands of the philosopher, but of their own accord and sovereignly, when they themselves want to be ultimate ends and not means alongside other means.

36.3 Es giebt bei dem Menschen wie bei jeder anderen Thierart einen Überschuss von Missrathenen, Kranken, Entartenden, Gebrechlichen, nothwendig Leidenden;

In man, as in every other species of animal, there is a surplus of the maladjusted, the sick, the degenerate, the infirm, the inevitably suffering;

36.4 die gelungenen Fälle sind auch beim Menschen immer die Ausnahme und sogar in Hinsicht darauf, dass der Mensch das noch nicht festgestellte Thier ist, die spärliche Ausnahme.

the successful cases are always the exception in man too, and even in view of the fact that man is the animal not yet established, the scanty exception.

36.5 Aber noch schlimmer:

But worse still:

36.6 je höher geartet der Typus eines Menschen ist, der durch ihn dargestellt wird, um so mehr steigt noch die Unwahrscheinlichkeit, dass er geräth:

the higher the type of man that is represented by him, the greater the improbability that he will succeed:

das Zufällige, das Gesetz des Unsinns im 36.7
gesammten Haushalte der Menschheit zeigt sich
am erschrecklichsten in seiner zerstörerischen
Wirkung auf die höheren Menschen, deren
Lebensbedingungen fein, vielfach und schwer
auszurechnen sind.

the accidental, the law of nonsense in the whole household
of mankind shows itself most alarmingly in its destructive
effect on the higher men, whose conditions of life are
delicate, manifold, and difficult to calculate.

Wie verhalten sich nun die genannten beiden 36.8
grössten Religionen zu diesem Überschuss der
misslungenen Fälle?

How do the two largest religions mentioned above relate to
this surplus of failed cases?

Sie suchen zu erhalten, im Leben festzuhalten, 36.9
was sich nur irgend halten lässt, ja sie nehmen
grundsätzlich für sie Partei, als Religionen für
Leidende, sie geben allen Denen Recht, welche am
Leben wie an einer Krankheit leiden, und möchten es
durchsetzen, dass jede andre Empfindung des Lebens
als falsch gelte und unmöglich werde.

They try to preserve, to hold on to what can be held on to
in life, indeed they fundamentally take sides with them, as
religions for the suffering, they give justice to all those who
suffer from life as from an illness, and would like to enforce
that every other perception of life is considered wrong and
becomes impossible.

36.10 Möchte man diese schonende und erhaltende
Fürsorge, insofern sie neben allen anderen auch
dem höchsten, bisher fast immer auch leidendsten
Typus des Menschen gilt und galt, noch so hoch
anschlagen: in der Gesammt-Abrechnung gehören
die bisherigen, nämlich souveränen Religionen zu
den Hauptursachen, welche den Typus

No matter how highly this gentle and sustaining care may
be regarded, in so far as it applies and has applied to the
highest, and hitherto almost always the most suffering
type of human being, in the overall reckoning the previous,
namely sovereign religions are among the main causes that
kept the

36.11 »Mensch« auf einer niedrigeren Stufe festhielten, –

"human" type at a lower level –

36.12 sie erhielten zu viel von dem, was zu Grunde gehn
sollte.

they received too much of that which was to perish.

36.13 Man hat ihnen Unschätzbares zu danken;

One has inestimable things to thank them for;

36.14 und wer ist reich genug an Dankbarkeit, um nicht vor
alle dem arm zu werden, was zum Beispiel die

and who is rich enough in gratitude not to become poor
before all that, for example, the

36.15 »geistlichen Menschen«

"spiritual men"

36.16 des Christenthums bisher für Europa gethan haben!

of Christianity have done for Europe so far!

Und doch, wenn sie den Leidenden Trost, den   36.17
Unterdrückten und Verzweifelnden Muth, den
Unselbständigen einen Stab und Halt gaben und
die Innerlich-Zerstörten und Wild-Gewordenen
von der Gesellschaft weg in Klöster und seelische
Zuchthäuser lockten:

And yet, if they gave comfort to the suffering, courage to
the oppressed and despairing, a staff and a foothold to the
unstable, and lured the inwardly destroyed and those who
had become wild away from society into monasteries and
mental prisons:

was mussten sie ausserdem thun, um mit gutem   36.18
Gewissen dergestalt grundsätzlich an der Erhaltung
alles Kranken und Leidenden, das heisst in That und
Wahrheit an der Verschlechterung der europäischen
Rasse zu arbeiten?

what else did they have to do in order to work with a clear
conscience in such a fundamental way on the preservation
of all that is sick and suffering, that is, in fact and truth, on
the degradation of the European race?

Alle Werthschätzungen auf den Kopf stellen – das   36.19
mussten sie!

They had to turn all values upside down!

Und die Starken zerbrechen, die grossen Hoffnungen   36.20
ankränkeln,

And to break the strong, to tarnish the great hopes,

das Glück in der Schönheit verdächtigen, alles   36.21
Selbstherrliche,

to suspect happiness in beauty, to turn all that is autocratic,

Männliche, Erobernde, Herrschsüchtige,   36.22

masculine, conquering, domineering,

36.23 **alle Instinkte,**
all the instincts that are proper to the highest and most well-bred type of "man",

36.24 **welche dem höchsten und wohlgerathensten Typus »Mensch« zu eigen sind,**
into insecurity,

36.25 **in Unsicherheit, Gewissens-Noth, Selbstzerstörung umknicken,**
distress of conscience, self-destruction, indeed,

36.26 **ja die ganze Liebe zum Irdischen und zur Herrschaft über die Erde in Hass gegen die Erde und das Irdische verkehren –**
all love for the earthly and for dominion over the earth into hatred of the earth and the earthly –

36.27 **das stellte sich die Kirche zur Aufgabe und musste es sich stellen, bis für ihre Schätzung endlich**
this was the task the Church set itself and had to face until, in its estimation,

36.28 **»Entweltlichung«, »Entsinnlichung« und »höherer Mensch«**
"deworldization", "desensualization" and "higher man"

36.29 **in Ein Gefühl zusammenschmolzen.**
finally melted together into one feeling.

Gesetzt, dass man mit dem spöttischen und 36.30
unbetheiligten Auge eines epikurischen Gottes die
wunderlich schmerzliche und ebenso grobe wie
feine Komödie des europäischen Christenthums zu
überschauen vermöchte, ich glaube, man fände kein
Ende mehr zu staunen und zu lachen:

Suppose one were able to survey with the mocking and
unhealed eye of an Epicurean God the strangely painful and
equally coarse and subtle comedy of European Christianity,
I believe one would find no end to astonishment and
laughter:

scheint es denn nicht, dass Ein Wille über Europa 36.31
durch achtzehn Jahrhunderte geherrscht hat, aus
dem Menschen eine sublime Missgeburt zu machen?

does it not seem that One Will has ruled over Europe for
eighteen centuries to make a sublime freak out of man?

Wer aber mit umgekehrten Bedürfnissen, nicht 36.32
epikurisch mehr, sondern mit irgend einem
göttlichen Hammer in der Hand auf diese fast
willkürliche Entartung und Verkümmerung des
Menschen zuträte, wie sie der christliche Europäer
ist (Pascal zum Beispiel), müsste er da nicht mit
Grimm, mit Mitleid, mit Entsetzen schreien:

But if someone were to approach this almost arbitrary
degeneration and atrophy of man, as the Christian
European is (Pascal, for example), with reversed needs,
no longer Epicurean, but with some divine hammer in his
hand, would he not have to cry out with fury, with pity,
with horror:

»Oh ihr Tölpel, ihr anmaassenden mitleidigen Tölpel, 36.33
was habt ihr da gemacht!

"Oh you dolts, you presumptuous, pitying dolts, what have
you done!

36.34 **War das eine Arbeit für eure Hände!**
What a job for your hands!

36.35 **Wie habt ihr mir meinen schönsten Stein verhauen und verhunzt!**
How you've trashed and ruined my most beautiful stone!

36.36 **Was nahmt ihr euch heraus!« – Ich wollte sagen:**
What did you take for yourselves!" – I wanted to say:

36.37 **das Christenthum war bisher die verhängnissvollste Art von Selbst-Überhebung.**
Christianity has been the most disastrous kind of self-aggrandizement so far.

36.38 **Menschen, nicht hoch und hart genug, um am Menschen als Künstler gestalten zu dürfen;**
Men who are not high and hard enough to be allowed to work on man as artists;

36.39 **Menschen, nicht stark und fernsichtig genug, um, mit einer erhabenen Selbst-Bezwingung, das Vordergrund-Gesetz des tausendfältigen Missrathens und Zugrundegehns walten zu lassen;**
men who are not strong and far-sighted enough to allow the foreground law of a thousandfold misguidedness and ruin to prevail with a sublime self-conquest;

36.40 **Menschen, nicht vornehm genug, um die abgründlich verschiedene Rangordnung und Rangkluft zwischen Mensch und Mensch zu sehen:**
men who are not noble enough to see the abysmally different order of rank and rank gap between man and man:

36.41 **– solche Menschen haben, mit ihrem**
– such men, with their

»Gleich vor Gott«, bisher über dem Schicksale   36.42
Europa's gewaltet, bis endlich eine verkleinerte, fast
lächerliche Art, ein Heerdenthier, etwas Gutwilliges,
Kränkliches und Mittelmässiges, herangezüchtet ist,
der heutige Europäer ...

"equal before God", have hitherto presided over the destiny
of Europe, until at last a diminished, almost ridiculous
species, a herd animal, something benign, sickly and
mediocre, has been bred, the European of today ...

Viertes Hauptstück: Sprüche und Zwischenspiele.

Fourth Main Section: Sayings and Interludes.

— 63 —

2.1 Wer von Grund aus Lehrer ist, nimmt alle Dinge nur in Bezug auf seine Schüler ernst, –

Those who are teachers by nature only take everything seriously in relation to their students –

2.2 **sogar sich selbst.**

even themselves.

— 64 —

4.1 »Die Erkenntniss um ihrer selbst willen«

"Knowledge for its own sake"

4.2 – das ist der letzte Fallstrick, den die Moral legt:

– that is the final pitfall of morality:

damit verwickelt man sich noch einmal völlig in sie.   4.3

you become completely entangled in it once again.

— 65 —

Der Reiz der Erkenntniss wäre gering, wenn nicht auf   6.1
dem Wege zu ihr so viel Scham zu überwinden wäre.

The appeal of knowledge would be small if there wasn't so
much shame to overcome on the way to it.

65 a.   7.1

65 a.

Man ist am unehrlichsten gegen seinen Gott: 8.1

One is most dishonest against his God:

er darf nicht sündigen!   8.2

he must not sin!

— 66 —

Die Neigung, sich herabzusetzen, sich bestehlen,   10.1
belügen und ausbeuten zu lassen, könnte die Scham
eines Gottes unter Menschen sein.

The tendency to belittle oneself, to allow oneself to be
stolen from, lied to and exploited could be the shame of a
god among men.

— **67** —

12.1 **Die Liebe zu Einem ist eine Barbarei:**
Love for one is barbarism:

12.2 **denn sie wird auf Unkosten aller Übrigen ausgeübt.**
because it is practiced at the expense of all the rest.

12.3 **Auch die Liebe zu Gott.**
Even the love of God.

— **68** —

14.1 **»Das habe ich gethan« sagt mein Gedächtniss.**
"I did that" says my memory.

14.2 **Das kann ich nicht gethan haben –**
I couldn't have done that –

14.3 **sagt mein Stolz und bleibt unerbittlich. Endlich –**
says my pride and remains adamant. Finally –

14.4 **giebt das Gedächtniss nach.**
my memory gives in.

— **69** —

16.1 **Man hat schlecht dem Leben zugeschaut, wenn man nicht auch die Hand gesehn hat, die auf eine schonende Weise – tödtet.**
One has watched life badly if one has not also seen the hand that - in a gentle way - kills.

— **70** —

Hat man Charakter, so hat man auch sein typisches   18.1
Erlebniss, das immer wiederkommt.
If you have character, you also have your typical experience
that keeps coming back.

— **71** —

Der Weise als Astronom.   20.1
The wise man as astronomer.

– So lange du noch die Sterne fühlst als ein »Über-   20.2
dir«,
– As long as you still feel the stars as an "above-you",

fehlt dir noch der Blick des Erkennenden.   20.3
you still lack the gaze of the recognizer.

— **72** —

Nicht die Stärke,   22.1
It is not the strength,

sondern die Dauer der hohen Empfindung macht die   22.2
hohen Menschen.
but the duration of the high feeling that makes high people.

— **73** —

24.1 **Wer sein Ideal erreicht, kommt eben damit über dasselbe hinaus.**

Whoever achieves their ideal will go beyond it.

25.1 **73a.**

73a.

26.1 **Mancher Pfau verdeckt vor Aller Augen seinen Pfauenschweif –**

Many a peacock covers its peacock's tail in front of everyone's eyes –

26.2 **und heisst es seinen Stolz.**

and calls it its pride.

— **74** —

28.1 **Ein Mensch mit Genie ist unausstehlich, wenn er nicht mindestens noch zweierlei dazu besitzt:**

A person with genius is obnoxious if he does not have at least two other things:

28.2 **Dankbarkeit und Reinlichkeit.**

gratitude and cleanliness.

— 75 —

Grad und Art der Geschlechtlichkeit eines Menschen reicht bis in den letzten Gipfel seines Geistes hinauf. 30.1

The degree and nature of a person's sexuality reaches right up to the last peak of his spirit.

— 76 —

Unter friedlichen Umständen fällt der kriegerische Mensch über sich selber her. 32.1

Under peaceful circumstances, the warlike man falls upon himself.

— 77 —

Mit seinen Grundsätzen will man seine Gewohnheiten tyrannisiren oder rechtfertigen oder ehren oder beschimpfen oder verbergen: 34.1

With one's principles one wants to tyrannize or justify or honor or insult or conceal one's habits:

– zwei Menschen mit gleichen Grundsätzen wollen damit wahrscheinlich noch etwas Grund-Verschiedenes. 34.2

– two people with the same principles probably still want something fundamentally different.

— 78 —

36.1 Wer sich selbst verachtet, achtet sich doch immer noch dabei als Verächter.

He who despises himself still respects himself as a despiser.

— 79 —

38.1 Eine Seele, die sich geliebt weiss, aber selbst nicht liebt, verräth ihren Bodensatz:

A soul that knows itself loved, but does not love itself, betrays its sediment:

38.2 – ihr Unterstes kommt herauf.

– its bottom comes up.

— 80 —

40.1 Eine Sache, die sich aufklärt, hört auf, uns etwas anzugehn.

A thing that becomes clear ceases to concern us.

40.2 – Was meinte jener Gott, welcher anrieth: »erkenne dich selbst«! Hiess es vielleicht: »höre auf, dich etwas anzugehn! werde objektiv!« –

– What did that God mean when he said "know thyself?" Did it perhaps mean: "stop being your own business! become objective!" –

40.3 Und Sokrates? – Und der »wissenschaftliche Mensch«? –

And Socrates? – And the "scientific man"? –

— **81** —

Es ist furchtbar, im Meere vor Durst zu sterben.   42.1

It is terrible to die of thirst in the sea.

Müsst ihr denn gleich eure Wahrheit so salzen, dass   42.2
sie nicht einmal mehr – den Durst löscht?

Do you have to salt your truth so much that it doesn't even
quench your thirst?

— **82** —

»Mitleiden mit Allen«   44.1

"Compassion with all"

– wäre Härte und Tyrannei mit dir, mein Herr   44.2
Nachbar! –

– would be harshness and tyranny with you, my
neighbor! –

— **83** —

Der Instinkt. – Wenn das Haus brennt,   46.1

The instinct. – When the house is on fire,

vergisst man sogar das Mittagsessen. – Ja: 46.2

you even forget to eat lunch. – Yes:

aber man holt es auf der Asche nach.   46.3

but you make up for it on the ashes.

— **84** —

48.1 Das Weib lernt hassen, in dem Maasse, in dem es zu bezaubern – verlernt.

Woman learns to hate to the extent that she forgets how to charm.

— **85** —

50.1 Die gleichen Affekte sind bei Mann und Weib doch im Tempo verschieden:

The same affects in man and woman are nevertheless different in tempo:

50.2 deshalb hören Mann und Weib nicht auf, sich misszuverstehn.

therefore man and woman do not cease to misunderstand each other.

— **86** —

52.1 Die Weiber selber haben im Hintergrunde aller persönlichen Eitelkeit immer noch ihre unpersönliche Verachtung –

In the background of all personal vanity, women themselves still have their impersonal contempt –

52.2 für das Weib«.

for "the woman".

— 87 —

Gebunden Herz, freier Geist.   54.1
Bound heart, free spirit.

– Wenn man sein Herz hart bindet und gefangen legt,   54.2
– If you bind and imprison your heart hard,

kann man seinem Geist viele Freiheiten geben: 54.3
you can give your spirit a lot of freedom:

ich sagte das schon Ein Mal.   54.4
I've already said that once.

Aber man glaubt mir's nicht, gesetzt, dass man's   54.5
nicht schon weiss …
But you wouldn't believe me if you didn't already know it …

— 88 —

Sehr klugen Personen fängt man an zu misstrauen,   56.1
wenn sie verlegen werden.
You start to distrust very clever people when they become
embarrassed.

— 89 —

Fürchterliche Erlebnisse geben zu rathen, ob Der,   58.1
welcher sie erlebt, nicht etwas Fürchterliches ist.
Dreadful experiences give reason to wonder whether the
person experiencing them is not something dreadful.

— 90 —

60.1 **Schwere, Schwermüthige Menschen werden gerade durch das, was Andre schwer macht, durch Hass und Liebe, leichter und kommen zeitweilig an ihre Oberfläche.**
Heavy, melancholy people become lighter precisely through what makes Andre heavy, through hate and love, and temporarily come to the surface.

— 91 —

62.1 **So kalt, so eisig, dass man sich an ihm die Finger verbrennt!**
So cold, so icy that it burns your fingers!

62.2 **Jede Hand erschrickt, die ihn anfasst!**
Every hand that touches it shivers!

62.3 **– Und gerade darum halten Manche ihn für glühend.**
– And that's why some people think it's red-hot.

— 92 —

64.1 **Wer hat nicht für seinen guten Ruf schon einmal – sich selbst geopfert? –**
Who hasn't sacrificed themselves for their reputation?-

— **93** —

In der Leutseligkeit ist Nichts von Menschenhass, 66.1
There is nothing of hatred of humanity in the affability,

aber eben darum allzuviel von Menschenverachtung. 66.2
but precisely for this reason there is all too much of
contempt for humanity.

— **94** —

Reife des Mannes: 68.1
Maturity of the man:

das heisst den Ernst wiedergefunden haben, den man 68.2
als Kind hatte, beim Spiel.
that means having rediscovered the seriousness you had as
a child, at play.

— **95** —

Sich seiner Unmoralität schämen: 70.1
To be ashamed of one's immorality:

das ist eine Stufe auf der Treppe, an deren Ende man 70.2
sich auch seiner Moralität schämt.
that is a step on the staircase at the end of which one is also
ashamed of one's morality.

— **96** —

72.1 **Man soll vom Leben scheiden wie Odysseus von Nausikaa schied, –**

One should part from life as Odysseus parted from Nausicaa –

72.2 **mehr segnend als verliebt.**

more in blessing than in love.

— **97** —

74.1 **Wie? Ein grosser Mann? Ich sehe immer nur den Schauspieler seines eignen Ideals.**

What, a great man? I only ever see the actor of his own ideal.

— **98** —

76.1 **Wenn man sein Gewissen dressirt, so küsst es uns zugleich, indem es beisst.**

When we dress our conscience, it also kisses us by biting us.

— 99 —

Der Enttäuschte spricht. – »Ich horchte auf   78.1
Widerhall,
The disappointed man speaks. – "I listened for echoes,

und ich hörte nur Lob – «   78.2
and all I heard was praise – "

— 100 —

Vor uns selbst stellen wir uns Alle einfältiger als wir   80.1
sind:
We all present ourselves as more simple-minded than we
are:

wir ruhen uns so von unsern Mitmenschen aus.   80.2
we rest from our fellow human beings.

— 101 —

Heute möchte sich ein Erkennender leicht als   82.1
Thierwerdung Gottes fühlen.
Today, a recognizer would easily feel like an incarnation of
God.

— **102** —

84.1 **Gegenliebe entdecken sollte eigentlich den Liebenden über das geliebte Wesen ernüchtern.**
Discovering counter-love should actually disillusion the lover about the beloved being.

84.2 **»Wie? es ist bescheiden genug, sogar dich zu lieben?**
"How? Is it humble enough to love even you?

84.3 **Oder dumm genug? Oder – oder – «**
Or stupid enough? Or – or – "

— **103** —

86.1 **Die Gefahr im Glücke. –**
The danger in happiness. –

86.2 **»Nun gereicht mir Alles zum Besten,**
"Now everything is for the best,

86.3 **nunmehr liebe ich jedes Schicksal:**
now I love every fate:

86.4 **– wer hat Lust, mein Schicksal zu sein?«**
– who wants to be my fate?"

— 104 —

Nicht ihre Menschenliebe, sondern die Ohnmacht   88.1
ihrer Menschenliebe hindert die Christen von heute,
uns – zu verbrennen.

It is not their love of humanity, but the impotence of their
love of humanity that prevents today's Christians from
burning us.

— 105 —

Dem freien Geiste, dem »Frommen der Erkenntniss«   90.1

To the free spirit, the "pious man of knowledge"

– geht die pia fraus noch mehr wider den Geschmack   90.2
(wider seine

– the pia fraus goes even more against his taste (against his

»Frömmigkeit«) als die impia fraus.   90.3

"piety") than the impia fraus.

Daher sein tiefer Unverstand gegen die Kirche,   90.4

Hence his profound lack of understanding of the church,

wie er zum Typus »freier Geist« gehört, –   90.5

as to the type of "free spirit" he belongs –

als seine Unfreiheit.   90.6

as his lack of freedom.

— 106 —

92.1 **Vermöge der Musik geniessen sich die Leidenschaften selbst.**
The passions enjoy themselves through music.

— 107 —

94.1 **Wenn der Entschluss einmal gefasst ist, das Ohr auch für den besten Gegengrund zu schliessen:**
Once the decision has been made to close the ear even for the best of reasons:

94.2 **Zeichen des starken Charakters.**
Sign of strong character.

94.3 **Also ein gelegentlicher Wille zur Dummheit.**
In other words, an occasional will to stupidity.

— 108 —

96.1 **Es giebt gar keine moralischen Phänomene,**
There are no moral phenomena at all,

96.2 **sondern nur eine moralische Ausdeutung von Phänomenen ...**
but only a moral interpretation of phenomena ...

— 109 —

Der Verbrecher ist häufig genug seiner That nicht gewachsen:

98.1

Often enough, the criminal is not up to the task:

er verkleinert und verleumdet sie.

98.2

he belittles and slanders them.

— 110 —

Die Advokaten eines Verbrechers sind selten Artisten genug, um das schöne Schreckliche der That zu Gunsten ihres Thäters zu wenden.

100.1

The advocates of a criminal are seldom artists enough to turn the beautiful horror of the deed in favor of their perpetrator.

— 111 —

Unsre Eitelkeit ist gerade dann am schwersten zu verletzen, wenn eben unser Stolz verletzt wurde.

102.1

Our vanity is the hardest thing to hurt when our pride has been wounded.

— 112 —

104.1 Wer sich zum Schauen und nicht zum Glauben
vorherbestimmt fühlt, dem sind alle Gläubigen zu
lärmend und zudringlich:

Anyone who feels predestined to see and not to believe finds
all believers too noisy and intrusive:

104.2 er erwehrt sich ihrer.

he rejects them.

— 113 —

106.1 »Du willst ihn für dich einnehmen?

"You want to win him over?

106.2 So stelle dich vor ihm verlegen – «

Then stand in front of him, embarrassed – "

— 114 —

108.1 Die ungeheure Erwartung in Betreff der
Geschlechtsliebe, und die Scham in dieser
Erwartung, verdirbt den Frauen von vornherein
alle Perspektiven.

The immense expectation regarding sexual love, and the
shame in this expectation, spoils all prospects for women
from the outset.

— **115** —

Wo nicht Liebe oder Hass mitspielt, 110.1
Where there is no love or hate involved,

spielt das Weib mittelmässig. 110.2
the woman plays mediocre.

— **116** —

Die grossen Epochen unsres Lebens liegen dort, wo 112.1
wir den Muth gewinnen, unser Böses als unser Bestes
umzutaufen.
The great epochs of our lives are when we gain the courage
to rebaptize our evil as our best.

— **117** —

Der Wille, einen Affekt zu überwinden, ist zuletzt 114.1
doch nur der Wille eines anderen oder mehrer
anderer Affekte.
The will to overcome an affect is ultimately only the will of
another or several other affects.

— 118 —

116.1 Es giebt eine Unschuld der Bewunderung:

There is an innocence of admiration:

116.2 Der hat sie, dem es noch nicht in den Sinn gekommen ist, auch er könne einmal bewundert werden.

he has it to whom it has not yet occurred that he too could one day be admired.

— 119 —

118.1 Der Ekel vor dem Schmutze kann so gross sein, dass er uns hindert, uns zu reinigen, –

Disgust at dirt can be so great that it prevents us from cleansing ourselves –

118.2 uns zu »rechtfertigen«.

from "justifying" ourselves.

— 120 —

120.1 Die Sinnlichkeit übereilt oft das Wachsthum der Liebe,

Sensuality often hastens the growth of love,

120.2 so dass die Wurzel schwach bleibt und leicht auszureissen ist.

so that the root remains weak and is easily uprooted.

— 121 —

Es ist eine Feinheit, dass Gott griechisch lernte, als er Schriftsteller werden wollte –   122.1
It is a subtlety that God learned Greek when he wanted to be a writer –

und dass er es nicht besser lernte.   122.2
and that he didn't learn it better.

— 122 —

Sich über ein Lob freuen ist bei Manchem nur eine Höflichkeit des Herzens –   124.1
For some people, rejoicing in praise is merely a courtesy of the heart –

und gerade das Gegenstück einer Eitelkeit des Geistes.   124.2
and precisely the opposite of vanity of spirit.

— 123 —

Auch das Concubinat ist corrumpirt worden: – durch die Ehe.   126.1
Concubinage has also been corrupted: – by marriage.

— **124** —

128.1 Wer auf dem Scheiterhaufen noch frohlockt, triumphirt nicht über den Schmerz, sondern darüber, keinen Schmerz zu fühlen, wo er ihn erwartete.

He who still rejoices at the stake does not triumph over pain, but over not feeling pain where he expected it.

128.2 Ein Gleichniss.

A parable.

— **125** —

130.1 Wenn wir über Jemanden umlernen müssen, so rechnen wir ihm die Unbequemlichkeit hart an, die er uns damit macht.

If we have to relearn about someone, we hold the inconvenience they cause us against them.

— **126** —

132.1 Ein Volk ist der Umschweif der Natur, um zu sechs, sieben grossen Männern zu kommen.

A people is the detour of nature to get to six, seven great men.

132.2 – Ja: und um dann um sie herum zu kommen.

– Yes: and then to get around them.

— 127 —

Allen rechten Frauen geht Wissenschaft wider die Scham.

134.1

Science is against the shame of all right-wing women.

Es ist ihnen dabei zu Muthe, als ob man damit ihnen unter die Haut, – schlimmer noch! unter Kleid und Putz gucken wolle.

134.2

They feel as if they want to look under their skin, or worse still, under their dress and finery.

— 128 —

Je abstrakter die Wahrheit ist, die du lehren willst, um so mehr musst du noch die Sinne zu ihr verführen.

136.1

The more abstract the truth you want to teach, the more you have to seduce the senses to it.

— 129 —

Der Teufel hat die weitesten Perspektiven für Gott,

138.1

The devil has the widest perspective of God,

deshalb hält er sich von ihm so fern:

138.2

which is why he keeps so far away from him:

– der Teufel nämlich als der älteste Freund der Erkenntniss.

138.3

– the devil as the oldest friend of knowledge.

— 130 —

140.1 Was jemand ist, fängt an, sich zu verrathen, wenn sein Talent nachlässt, –

What someone is begins to betray itself when his talent diminishes –

140.2 wenn er aufhört, zu zeigen, was er kann.

when he ceases to show what he can do.

140.3 Das Talent ist auch ein Putz; ein Putz ist auch ein Versteck.

The talent is also a plaster; a plaster is also a hiding place.

— 131 —

142.1 Die Geschlechter täuschen sich über einander:

The sexes deceive each other:

142.2 das macht, sie ehren und lieben im Grunde nur sich selbst (oder ihr eigenes ideal, um es gefälliger auszudrücken –).

that makes them honor and love basically only themselves (or their own ideal, to put it more pleasingly).

142.3 So will der Mann das Weib friedlich, –

Thus the man wants the woman to be peaceful –

142.4 aber gerade das Weib ist wesentlich unfriedlich, gleich der Katze, so gut es sich auch auf den Anschein des Friedens eingeübt hat.

but it is precisely the woman who is essentially unpeaceful, like the cat, however well she has practiced the appearance of peace.

— **132** —

Man wird am besten für seine Tugenden bestraft.   144.1

You are best punished for your virtues.

— **133** —

Wer den Weg zu seinem Ideale nicht zu finden weiss,   146.1
lebt leichtsinniger und frecher, als der Mensch ohne
Ideal.

He who does not know how to find the way to his ideal lives
more recklessly and impudently than the person without
an ideal.

— **134** —

Von den Sinnen her kommt erst alle   148.1
Glaubwürdigkeit, alles gute Gewissen, aller
Augenschein der Wahrheit.

All credibility, all good conscience, all appearance of truth
comes from the senses.

— **135** —

Der Pharisäismus ist nicht eine Entartung am guten   150.1
Menschen:

Pharisaism is not a degeneration of the good man:

150.2 **ein gutes Stück davon ist vielmehr die Bedingung von allem Gut-sein.**
a good part of it is rather the condition of all goodness.

— 136 —

152.1 **Der Eine sucht einen Geburtshelfer für seine Gedanken, der Andre Einen, dem er helfen kann:**
One person is looking for a midwife for his thoughts, another for someone he can help:

152.2 **so entsteht ein gutes Gespräch.**
that's how a good conversation starts.

— 137 —

154.1 **Im Verkehre mit Gelehrten und Künstlern verrechnet man sich leicht in umgekehrter Richtung:**
When dealing with scholars and artists, it is easy to miscalculate in the opposite direction:

154.2 **man findet hinter einem merkwürdigen Gelehrten nicht selten einen mittelmässigen Menschen,**
behind a remarkable scholar one often finds a mediocre person,

154.3 **und hinter einem mittelmässigen Künstler sogar oft – einen sehr merkwürdigen Menschen.**
and behind a mediocre artist one often finds a very remarkable person.

— **138** —

Wir machen es auch im Wachen wie im Traume: 156.1
We do the same in our waking life as we do in our dreams:

wir erfinden und erdichten erst den Menschen, mit   156.2
dem wir verkehren –
we first invent and make up the person we are dealing
with –

und vergessen es sofort.   156.3
and immediately forget it.

— **139** —

In der Rache und in der Liebe ist das Weib   158.1
barbarischer,
In revenge and in love,

als der Mann.   158.2
the woman is more barbaric than the man.

— **140** —

Rath als Räthsel. –   160.1
Rath as a riddle. –

»Soll das Band nicht reissen,   160.2
"If you don't want the ribbon to break,

– musst du erst drauf beissen.«   160.3
– you have to bite it first."

— **141** —

162.1 Der Unterleib ist der Grund dafür, dass der Mensch sich nicht so leicht für einen Gott hält.

The abdomen is the reason why man does not easily think of himself as a god.

— **142** —

164.1 Das züchtigste Wort, das ich gehört habe:

The most chastening word I've heard:

164.2 »Dans le véritable amour c'est l'âme, qui enveloppe le corps.«

"In true love, it's the heart that develops the body."

— **143** —

166.1 Was wir am besten thun, von dem möchte unsre Eitelkeit, dass es grade als Das gelte, was uns am schwersten werde.

What we do best, our vanity would have us regard as the very thing that is most difficult for us.

166.2 Zum Ursprung mancher Moral.

The origin of some morals.

— 144 —

Wenn ein Weib gelehrte Neigungen hat, 168.1
If a woman has learned inclinations,

so ist gewöhnlich Etwas an ihrer Geschlechtlichkeit 168.2
nicht in Ordnung.
there is usually something wrong with her sexuality.

Schon Unfruchtbarkeit disponirt zu einer gewissen 168.3
Männlichkeit des Geschmacks;
Infertility alone predisposes to a certain masculinity of
taste;

der Mann ist nämlich, mit Verlaub, »das 168.4
unfruchtbare Thier«.
the man is, if I may say so, "the barren animal".

— 145 —

Mann und Weib im Ganzen verglichen, darf man 170.1
sagen:
Comparing man and woman as a whole, one may say:

das Weib hätte nicht das Genie des Putzes, wenn es 170.2
nicht den Instinkt der zweiten Rolle hätte.
woman would not have the genius of finery if she did not
have the instinct of the second role.

— 146 —

172.1 Wer mit Ungeheuern kämpft, mag zusehn, dass er nicht dabei zum Ungeheuer wird.

He who fights with monsters may see to it that he does not become a monster in the process.

172.2 Und wenn du lange in einen Abgrund blickst,

And if you look into an abyss for a long time,

172.3 blickt der Abgrund auch in dich hinein.

the abyss will also look into you.

— 147 —

174.1 Aus alten florentinischen Novellen, überdies – aus dem Leben:

From old Florentine novellas, moreover – from life:

174.2 buona femmina e mala femmina vuol bastone.

buona femmina e mala femmina vuol bastone.

174.3 Sacchetti Nov. 86.

Sacchetti Nov. 86.

— 148 —

176.1 Den Nächsten zu einer guten Meinung verführen und hinterdrein an diese Meinung des Nächsten gläubig glauben:

To seduce one's neighbor into a good opinion and then believe in this opinion of one's neighbor:

wer thut es in diesem Kunststück den Weibern
gleich? –

176.2

who is equal to women in this feat? –

— 149 —

Was eine Zeit als böse empfindet, ist gewöhnlich ein
unzeitgemässer Nachschlag dessen, was ehemals als
gut empfunden wurde, –

178.1

What an age perceives as evil is usually an outmoded
afterthought of what was once perceived as good –

der Atavismus eines älteren Ideals.

178.2

the atavism of an older ideal.

— 150 —

Um den Helden herum wird Alles zur Tragödie, um
den Halbgott herum Alles zum Satyrspiel; und um
Gott herum wird Alles –

180.1

Around the hero, everything becomes a tragedy; around
the demigod, everything becomes a satyr play; and around
God, everything becomes –

wie? vielleicht zur »Welt«? –

180.2

how? perhaps the "world"? –

— **151** —

182.1 **Ein Talent haben ist nicht genug:**
Having a talent is not enough:

182.2 **man muss auch eure Erlaubniss dazu haben, – wie? meine Freunde?**
you must also have your permission, – how? my friends?

— **152** —

184.1 **»Wo der Baum der Erkenntniss steht, ist immer das Paradies«:**
"Where the tree of knowledge is, there is always paradise":

184.2 **so reden die ältesten und die jüngsten Schlangen.**
this is what the oldest and youngest snakes say.

— **153** —

186.1 **Was aus Liebe gethan wird, geschieht immer jenseits von Gut und Böse.**
What is done out of love is always beyond good and evil.

— 154 —

Der Einwand, der Seitensprung, das fröhliche
Misstrauen, die Spottlust sind Anzeichen der
Gesundheit:

188.1

The objection, the fling, the cheerful mistrust, the mockery
are signs of health:

alles Unbedingte gehört in die Pathologie.

188.2

everything unconditional belongs in pathology.

— 155 —

Der Sinn für das Tragische nimmt mit der
Sinnlichkeit ab und zu.

190.1

The sense of the tragic decreases and increases with
sensuality.

— 156 —

Der Irrsinn ist bei Einzelnen etwas Seltenes, – aber
bei Gruppen, Parteien, Völkern, Zeiten die Regel.

192.1

Insanity is rare in individuals, but the rule in groups,
parties, peoples and times.

— **157** —

194.1 **Der Gedanke an den Selbstmord ist ein starkes Trostmittel:**

The thought of suicide is a powerful consolation:

194.2 **mit ihm kommt man gut über manche böse Nacht hinweg.**

it's a good way to get over many a bad night.

— **158** —

196.1 **Unserm stärksten Triebe, dem Tyrannen in uns, unterwirft sich nicht nur unsre Vernunft, sondern auch unser Gewissen.**

Not only our reason, but also our conscience submits to our strongest instinct, the tyrant within us.

— **159** —

198.1 **Man muss vergelten, Gutes und Schlimmes:**

We must repay, good and bad:

198.2 **aber warum gerade an der Person, die uns Gutes oder Schlimmes that?**

but why the person who did us good or bad?

— 160 —

Man liebt seine Erkenntniss nicht genug mehr,   200.1
sobald man sie mittheilt.
You no longer love your knowledge enough as soon as you
share it.

— 161 —

Die Dichter sind gegen ihre Erlebnisse schamlos: 202.1
The poets are shameless about their experiences:

sie beuten sie aus.   202.2
they exploit them.

— 162 —

»Unser Nächster ist nicht unser Nachbar,   204.1
"Our neighbor is not our neighbor,

sondern dessen Nachbar« – so denkt jedes Volk.   204.2
but their neighbor" – that's how every nation thinks.

— 163 —

Die Liebe bringt die hohen und verborgenen   206.1
Eigenschaften eines Liebenden an's Licht, –
Love brings to light the high and hidden qualities of a
lover –

206.2 **sein Seltenes, Ausnahmsweises:**
his rare, exceptional qualities:

206.3 **insofern täuscht sie leicht über Das, was Regel an ihm ist.**
in this respect it easily deceives about what is normal about him.

— 164 —

208.1 **Jesus sagte zu seinen Juden: »das Gesetz war für Knechte, –**
Jesus said to his Jews: "The law was for servants –

208.2 **liebt Gott, wie ich ihn liebe, als sein Sohn!**
love God as I love him, as his Son!

208.3 **Was geht uns Söhne Gottes die Moral an!« –**
What concern is morality to us sons of God!" –

— 165 —

210.1 **Angesichts jeder Partei.**
In view of each party.

210.2 **– Ein Hirt hat immer auch noch einen Leithammel nöthig, –**
– A shepherd always needs a leader –

210.3 **oder er muss selbst gelegentlich Hammel sein.**
or occasionally he has to be a shepherd himself.

— 166 —

Man lügt wohl mit dem Munde; aber mit dem Maule, das man dabei macht, sagt man doch noch die Wahrheit.

212.1

You may lie with your mouth, but you still tell the truth with your mouth.

— 167 —

Bei harten Menschen ist die Innigkeit eine Sache der Scham –

214.1

With hard people, intimacy is a matter of shame –

und etwas Kostbares.

214.2

and something precious.

— 168 —

Das Christenthum gab dem Eros Gift zu trinken:

216.1

Christianity gave Eros poison to drink:

– er starb zwar nicht daran, aber entartete, zum Laster.

216.2

– it did not die of it, but degenerated into vice.

— 169 —

218.1 Viel von sich reden kann auch ein Mittel sein, sich zu verbergen.

Talking a lot about yourself can also be a way of hiding yourself.

— 170 —

220.1 Im Lobe ist mehr Zudringlichkeit, als im Tadel.

There is more urgency in praise than in rebuke.

— 171 —

222.1 Mitleiden wirkt an einem Menschen der Erkenntniss beinahe zum Lachen,

Pity almost makes a man of knowledge laugh,

222.2 wie zarte Hände an einem Cyklopen.

like tender hands on a Cyclops.

— 172 —

224.1 Man umarmt aus Menschenliebe bisweilen einen Beliebigen (weil man nicht Alle umarmen kann):

One sometimes embraces a random person out of human love (because one cannot embrace everyone):

aber gerade Das darf man dem Beliebigen nicht
verrathen ...

224.2

but this is precisely what one must not betray to the
random person ...

— 173 —

Man hasst nicht, so lange man noch gering schätzt,
sondern erst, wenn man gleich oder höher schätzt.

226.1

You don't hate as long as you still hold it in low esteem, but
only when you hold it in equal or higher esteem.

— 174 —

Ihr Utilitarier, auch ihr liebt alles utile nur als ein
Fuhrwerk eurer Neigungen, –

228.1

You utilitarians, you too love everything utile only as a
vehicle of your inclinations, –

auch ihr findet eigentlich den Lärm seiner Räder
unausstehlich?

228.2

you too actually find the noise of its wheels obnoxious?

— 175 —

Man liebt zuletzt seine Begierde, und nicht das
Begehrte.

230.1

In the end, you love your desire, not what you desire.

— 176 —

232.1 **Die Eitelkeit Andrer geht uns nur dann wider den Geschmack, wenn sie wider unsre Eitelkeit geht.**
The vanity of others only goes against our taste when it goes against our vanity.

— 177 —

234.1 **Ober Das, was**
Perhaps no one has yet been truthful enough about what

234.2 **»Wahrhaftigkeit«**
"truthfulness"

234.3 **ist, war vielleicht noch Niemand wahrhaftig genug.**
is.

— 178 —

236.1 **Klugen Menschen glaubt man ihre Thorheiten nicht:**
Smart people don't believe their foolishness:

236.2 **welche Einbusse an Menschenrechten!**
what a loss of human rights!

— 179 —

Die Folgen unsrer Handlungen fassen uns am
Schopfe, sehr gleichgültig dagegen, dass wir uns
inzwischen

238.1

The consequences of our actions take us by the scruff of the
neck, very indifferent to the fact that we have

»gebessert« haben.

238.2

"improved" in the meantime.

— 180 —

Es giebt eine Unschuld in der Lüge,

240.1

There is innocence in a lie,

welche das Zeichen des guten Glaubens an eine Sache
ist.

240.2

which is the sign of good faith in a matter.

— 181 —

Es ist unmenschlich, da zu segnen, wo Einem
geflucht wird.

242.1

It is inhumane to bless where one is cursed.

— **182** —

244.1 Die Vertraulichkeit des überlegenen erbittert, weil sie nicht zurückgegeben werden darf. –

The confidentiality of the superior one is bitter because it must not be returned. –

— **183** —

246.1 »Nicht dass du mich belogst, sondern dass ich dir nicht mehr glaube, hat mich erschüttert.« –

"It wasn't that you lied to me, but that I no longer believe you that shook me." –

— **184** —

248.1 Es giebt einen Übermuth der Güte, welcher sich wie Bosheit ausnimmt.

There is an arrogance of goodness that looks like malice.

— **185** —

250.1 »Er missfällt mir.« – Warum? –

"I don't like him." – Why? –

250.2 »Ich bin ihm nicht gewachsen.«

"I'm not up to it."

– Hat je ein Mensch so geantwortet?   250.3

– Has anyone ever answered like that?

Fünftes Hauptstück: Zur Naturgeschichte der Moral.

Fifth Main Section: On the Natural History of Morality.

— 186 —

2.1 Die moralische Empfindung ist jetzt in Europa ebenso fein, spät, vielfach, reizbar, raffinirt, als die dazu gehörige

The moral sentiment is now in Europe just as fine, late, manifold, irritable, refined, as the

2.2 »Wissenschaft der Moral«

"science of morals"

2.3 noch jung, anfängerhaft, plump und grobfingrig ist:

belonging to it is still young, incipient, clumsy, and coarse-fingered:

2.4 – ein anziehender Gegensatz,

– an attractive contrast,

der bisweilen in der Person eines Moralisten selbst   2.5
sichtbar und leibhaft wird.

which sometimes becomes visible and corporeal in the
person of a moralist himself.

Schon das Wort »Wissenschaft der Moral«   2.6

The very word "science of morals"

ist in Hinsicht auf Das, was damit bezeichnet wird,   2.7
viel zu hochmüthig und wider den guten Geschmack:

is, with respect to what it denotes, much too haughty and
contrary to good taste:

welcher immer ein Vorgeschmack für die   2.8
bescheideneren Worte zu sein pflegt.

which is always a foretaste of the more modest words.

Man sollte, in aller Strenge, sich eingestehn, was hier   2.9
auf lange hinaus noch noth thut, was vorläufig allein
Recht hat:

One should, in all severity, admit to oneself what is still
necessary here for a long time to come, what alone is right
for the time being:

nämlich Sammlung des Materials, begriffliche   2.10
Fassung und Zusammenordnung eines ungeheuren
Reichs zarter Werthgefühle und Werthunterschiede,
welche leben, wachsen, zeugen und zu Grunde
gehn, –

namely, the collection of the material, the conceptual
formulation and arrangement of an immense realm of
delicate feelings of value and differences of value, which
live, grow, beget and perish, –

2.11 und, vielleicht, Versuche, die wiederkehrenden und häufigeren Gestaltungen dieser lebenden Krystallisation anschaulich zu machen, –

and, perhaps, attempts to make the recurring and more frequent forms of this living crystallization vivid, –

2.12 als Vorbereitung zu einer Typenlehre der Moral.

as preparation for a theory of types of morality.

2.13 Freilich: man war bisher nicht so bescheiden.

Admittedly, one has not yet been so modest.

2.14 Die Philosophen allesammt forderten, mit einem steifen Ernste, der lachen macht, von sich etwas sehr viel Höheres, Anspruchsvolleres, Feierlicheres, sobald sie sich mit der Moral als Wissenschaft befassten:

All the philosophers, with a stiff seriousness that makes one laugh, demanded something much higher, more ambitious, more solemn of themselves as soon as they dealt with morality as a science:

2.15 sie wollten die Begründung der Moral,

they wanted the justification of morality,

2.16 – und jeder Philosoph hat bisher geglaubt, die Moral begründet zu haben;

– and every philosopher has hitherto believed that he had justified morality;

2.17 die Moral selbst aber galt als »gegeben«.

morality itself, however, was regarded as "given".

Wie ferne lag ihrem plumpen Stolze jene
unscheinbar dünkende und in Staub und Moder
belassene Aufgabe einer Beschreibung, obwohl für
sie kaum die feinsten Hände und Sinne fein genug
sein könnten!

2.18

How far from their clumsy pride lay that seemingly
inconspicuous task of description, left in dust and mold,
although the finest hands and senses could hardly be fine
enough for it!

Gerade dadurch, dass die Moral-Philosophen
die moralischen facta nur gröblich, in einem
willkürlichen Auszuge oder als zufällige Abkürzung
kannten, etwa als Moralität ihrer Umgebung, ihres
Standes, ihrer Kirche, ihres Zeitgeistes, ihres Klima's
und Erdstriches, –

2.19

Precisely because the moral philosophers knew the
moral facts only roughly, in an arbitrary excerpt or as
an accidental abbreviation, for example as the morality of
their surroundings, their class, their church, their zeitgeist,
their climate and region, –

gerade dadurch, dass sie in Hinsicht auf Völker,
Zeiten, Vergangenheiten schlecht unterrichtet
und selbst wenig wissbegierig waren, bekamen sie
die eigentlichen Probleme der Moral gar nicht zu
Gesichte:

2.20

precisely because they were ill-informed with regard to
peoples, times, pasts and themselves had little curiosity,
they did not even get to see the real problems of morality:

– als welche alle erst bei einer Vergleichung vieler
Moralen auftauchen.

2.21

– as which all only emerge in a comparison of many morals.

2.22 In aller bisherigen »Wissenschaft der Moral« fehlte, so wunderlich es klingen mag, noch das Problem der Moral selbst:

In all the previous "science of morality", the problem of morality itself was still missing, as strange as it may sound:

2.23 es fehlte der Argwohn dafür, dass es hier etwas Problematisches gebe.

there was no suspicion that there was anything problematic here.

2.24 Was die Philosophen »Begründung der Moral«

What the philosophers called "justification of morality"

2.25 nannten und von sich forderten, war, im rechten Lichte gesehn, nur eine gelehrte Form des guten Glaubens an die herrschende Moral, ein neues Mittel ihres Ausdrucks, also ein Thatbestand selbst innerhalb einer bestimmten Moralität, ja sogar, im letzten Grunde, eine Art Leugnung, dass diese Moral als Problem gefasst werden dürfe:

and demanded of themselves was, seen in the right light, only a learned form of good faith in the prevailing morality, a new means of its expression, that is, a fact itself within a certain morality, even, in the final analysis, a kind of denial that this morality may be conceived as a problem:

2.26 – und jedenfalls das Gegenstück einer Prüfung, Zerlegung, Anzweiflung, Vivisektion eben dieses Glaubens.

– and in any case the counterpart of an examination, dissection, doubt, vivisection of this very faith.

Man höre zum Beispiel, mit welcher beinahe
verehrenswürdigen Unschuld noch Schopenhauer
seine eigene Aufgabe hinstellt, und man mache
seine Schlüsse über die Wissenschaftlichkeit einer
»Wissenschaft«, deren letzte Meister noch wie die
Kinder und die alten Weibchen reden: –

2.27

Listen, for example, to the almost venerable innocence
with which Schopenhauer still sets forth his own task,
and draw his conclusions about the scientific nature of a
"science" whose last masters still talk like children and old
women: –

»das Princip, sagt er (p. 136 der Grundprobleme
der Moral), der Grundsatz, über dessen Inhalt alle
Ethiker eigentlich einig sind;

2.28

"the principle, he says (p. 136 of the Fundamental Problems
of Morals), the principle on the content of which all
ethicists are actually agreed;

neminem laede, immo omnes, quantum potes, juva –

2.29

neminem laede, immo omnes, quantum potes, juva –

das ist eigentlich der Satz, welchen zu begründen alle
Sittenlehrer sich abmühen ...

2.30

that is actually the proposition which all moral teachers
struggle to justify ...

das eigentliche Fundament der Ethik,

2.31

the actual foundation of ethics,

welches man wie den Stein der Weisen seit
Jahrtausenden sucht.«

2.32

which has been sought for millennia like the philosopher's
stone."

2.33 – Die Schwierigkeit, den angeführten Satz zu begründen, mag freilich gross sein – bekanntlich ist es auch Schopenhauern damit nicht geglückt – ; und wer einmal gründlich nachgefühlt hat, wie abgeschmackt-falsch und sentimental dieser Satz ist, in einer Welt, deren Essenz Wille zur Macht ist – , der mag sich daran erinnern lassen, dass Schopenhauer, obschon Pessimist, eigentlich – die Flöte blies ...

– The difficulty of justifying the above-mentioned sentence may of course be great - as is well known, Schopenhauer did not succeed in doing so either - and anyone who has ever thoroughly felt how tastelessly false and sentimental this sentence is, in a world whose essence is the will to power, may be reminded that Schopenhauer, although a pessimist, actually - blew the flute ...

2.34 Täglich, nach Tisch: man lese hierüber seinen Biographen.

Daily, after table: read his biographer about this.

2.35 Und beiläufig gefragt:

And casually asked:

2.36 ein Pessimist, ein Gott -

a pessimist, a God and world denier, who stops at morality, -

2.37 und Welt-Verneiner, der vor der Moral Haltmacht, – der zur Moral Ja sagt und Flöte bläst, zur laede-neminem-Moral:

who says yes to morality and blows the flute, to laede-nememin morality:

2.38 wie? ist das eigentlich – ein Pessimist?

how? is that actually – a pessimist?

— **187** —

Abgesehn noch vom Werthe solcher Behauptungen wie   4.1

Apart from the value of such assertions as

»es giebt in uns einen kategorischen Imperativ«,   4.2

"there is a categorical imperative in us",

kann man immer noch fragen: 4.3

one can still ask:

was sagt eine solche Behauptung von dem sie Behauptenden aus?   4.4

what does such an assertion say about the person asserting it?

Es giebt Moralen, welche ihren Urheber vor Anderen rechtfertigen sollen;   4.5

There are morals which are intended to justify their author before others;

andre Moralen sollen ihn beruhigen und mit sich zufrieden stimmen;   4.6

other morals are intended to reassure him and make him content with himself;

mit anderen will er sich selbst an's Kreuz schlagen und demüthigen;   4.7

with others he wants to crucify and humiliate himself;

mit andern will er Rache üben, mit andern sich verstecken, mit andern sich verklären und hinaus, in die Höhe und Ferne setzen;   4.8

with others he wants to take revenge, with others to hide himself, with others to transfigure himself and put himself on high and far away;

4.9 diese Moral dient ihrem Urheber, um zu vergessen, jene, um sich oder Etwas von sich vergessen zu machen;

this morality serves its author to forget, that to make himself or something of himself forgotten;

4.10 mancher Moralist möchte an der Menschheit Macht und schöpferische Laune ausüben;

many a moralist would like to exercise power and creative whim on mankind;

4.11 manch Anderer, vielleicht gerade auch Kant, giebt mit seiner Moral zu verstehn:

many another, perhaps Kant in particular, gives to understand with his morality:

4.12 »was an mir achtbar ist, das ist, dass ich gehorchen kann, –

"what is respectable about me is that I can obey, –

4.13 und bei euch soll es nicht anders stehn, als bei mir!«

and it should be no different with you than with me!"

4.14 – kurz,

– In short,

4.15 die Moralen sind auch nur eine Zeichensprache der Affekte.

morals are also only a sign language of affects.

— **188** —

Jede Moral ist, im Gegensatz zum laisser aller, ein
Stück Tyrannei gegen die

6.1

Every morality is, in contrast to laisser aller, a piece of
tyranny against

»Natur«, auch gegen die »Vernunft«:

6.2

"nature", also against "reason":

das ist aber noch kein Einwand gegen sie, man
müsste denn selbst schon wieder von irgend einer
Moral aus dekretiren, dass alle Art Tyrannei und
Unvernunft unerlaubt sei.

6.3

but that is not yet an objection to it, for one would have to
decree from some morality that all kinds of tyranny and
irrationality are impermissible.

Das Wesentliche und Unschätzbare an jeder Moral ist,
dass sie ein langer Zwang ist:

6.4

The essential and inestimable thing about every morality is
that it is a long compulsion:

um den Stoicismus oder Port-Royal oder das
Puritanerthum zu verstehen, mag man sich des
Zwangs erinnern, unter dem bisher jede Sprache
es zur Stärke und Freiheit gebracht, –

6.5

in order to understand Stoicism or Port-Royal or
Puritanism, one may recall the compulsion under
which every language has hitherto attained strength and
freedom –

des metrischen Zwangs, der Tyrannei von Reim und
Rhythmus.

6.6

the metrical compulsion, the tyranny of rhyme and
rhythm.

6.7 Wie viel Noth haben sich in jedem Volke die Dichter und die Redner gemacht!

How much trouble have poets and orators caused themselves in every nation!

6.8 – einige Prosaschreiber von heute nicht ausgenommen,

– not excepting some of the prose-writers of to-day,

6.9 in deren Ohr ein unerbittliches Gewissen wohnt –

in whose ear dwells an inexorable conscience –

6.10 »um einer Thorheit willen«, wie utilitarische Tölpel sagen, welche sich damit klug dünken, –

"for the sake of folly," as utilitarian dolts say, who thus think themselves clever, –

6.11 »aus Unterwürfigkeit gegen Willkür-Gesetze«, wie die Anarchisten sagen, die sich damit »frei«, selbst freigeistisch wähnen.

"out of servility to arbitrary laws," as the anarchists say, who thus think themselves "free," even freelance.

6.12 Der wunderliche Thatbestand ist aber, dass Alles, was es von Freiheit, Feinheit, Kühnheit, Tanz und meisterlicher Sicherheit auf Erden giebt oder gegeben hat, sei es nun in dem Denken selbst, oder im Regieren, oder im Reden und überreden, in den Künsten ebenso wie in den Sittlichkeiten, sich erst vermöge der »Tyrannei solcher Willkür-Gesetze« entwickelt hat;

But the strange fact is that everything that exists or has existed on earth of freedom, refinement, boldness, dance and masterly certainty, whether in thought itself, or in government, or in speech and persuasion, in the arts as well as in morals, has only developed by virtue of the "tyranny of such arbitrary laws";

und allen Ernstes, die Wahrscheinlichkeit dafür ist
nicht gering, dass gerade dies

6.13

and in all seriousness, the probability is not small that
precisely this

»Natur« und »natürlich« sei – und nicht jenes laisser
aller!

6.14

"nature" and "natural" are – and not that laisser aller!

jeder Künstler weiss, wie fern vom Gefühl des
Sichgehen-lassens sein

6.15

every artist knows how far removed from the feeling of
letting himself go is his most

»natürlichster«

6.16

"natural"

Zustand ist, das freie Ordnen, Setzen, Verfügen,
Gestalten in den Augenblicken der

6.17

state, the free ordering, setting, disposing, shaping in the
moments of

»Inspiration«,

6.18

"inspiration",

– und wie streng und fein er gerade da
tausendfältigen Gesetzen gehorcht, die aller
Formulirung durch Begriffe gerade auf Grund ihrer
Härte und Bestimmtheit spotten (auch der festeste
Begriff hat, dagegen gehalten, etwas Schwimmendes,
Vielfaches, Vieldeutiges –).

6.19

– and how strictly and finely he obeys a thousand and
one laws precisely there, which mock all formulation
by concepts precisely because of their hardness and
definiteness (even the firmest concept, held against it,
has something floating, multiple, ambiguous –).

6.20 **Das Wesentliche,**

The essential thing,

6.21 **»im Himmel und auf Erden«, wie es scheint, ist, nochmals gesagt, dass lange und in Einer Richtung gehorcht werde:**

"in heaven and on earth", as it seems, is, once again, to obey for a long time and in one direction:

6.22 **dabei kommt und kam auf die Dauer immer Etwas heraus, dessentwillen es sich lohnt, auf Erden zu leben, zum Beispiel Tugend, Kunst, Musik, Tanz, Vernunft, Geistigkeit, –**

in the long run something always comes and has always come out for the sake of which it is worthwhile to live on earth, for example virtue, art, music, dance, reason, spirituality, –

6.23 **irgend etwas Verklärendes, Raffinirtes, Tolles und Göttliches.**

something transfiguring, refined, great and divine.

Die lange Unfreiheit des Geistes, der misstrauische
Zwang in der Mittheilbarkeit der Gedanken, die
Zucht, welche sich der Denker auferlegte, innerhalb
einer kirchlichen und höfischen Richtschnur oder
unter aristotelischen Voraussetzungen zu denken,
der lange geistige Wille, Alles, was geschieht, nach
einem christlichen Schema auszulegen und den
christlichen Gott noch in jedem Zufalle wieder zu
entdecken und zu rechtfertigen, –

6.24

The long bondage of the mind, the distrustful constraint in
the communicability of thought, the discipline which
the thinker imposed on himself to think within an
ecclesiastical and courtly guideline or under Aristotelian
presuppositions, the long spiritual will to interpret
everything that happens according to a Christian scheme,
the long intellectual will to interpret everything that
happens according to a Christian scheme and to rediscover
and justify the Christian God in every coincidence –

all dies Gewaltsame, Willkürliche, Harte,
Schauerliche, Widervernünftige hat sich
als das Mittel herausgestellt, durch welches
dem europäischen Geiste seine Stärke, seine
rücksichtslose Neugierde und feine Beweglichkeit
angezüchtet wurde:

6.25

all this violent, arbitrary, hard, gruesome, unreasonable
has turned out to be the means by which the European
mind was bred its strength, its reckless curiosity and fine
agility:

6.26 zugegeben, dass dabei ebenfalls unersetzbar
viel an Kraft und Geist erdrückt, erstickt und
verdorben werden musste (denn hier wie
überall zeigt sich »die Natur«, wie sie ist, in ihrer
ganzen verschwenderischen und gleichgültigen
Grossartigkeit, welche empört, aber vornehm ist).
Admittedly, in the process an irreplaceable amount
of strength and spirit had to be crushed, suffocated
and corrupted (for here, as everywhere else, "nature"
shows itself as it is, in all its wasteful and indifferent
magnificence, which is outrageous but noble).

6.27 Dass Jahrtausende lang die europäischen Denker nur
dachten, um Etwas zu beweisen –
That for thousands of years European thinkers only
thought in order to prove something –

6.28 heute ist uns umgekehrt jeder Denker
verdächtig, der
today, conversely, every thinker is suspect to us, who

6.29 »Etwas beweisen will« – ,
"wants to prove something" – ,

6.30 dass ihnen bereits immer feststand, was als Resultat
ihres strengsten Nachdenkens herauskommen sollte,
etwa wie ehemals bei der asiatischen Astrologie
oder wie heute noch bei der harmlosen christlich-
moralischen Auslegung der nächsten persönlichen
Ereignisse
that it was always already clear to them what the result of
their most rigorous thinking would be, as was the case in
the past with Asian astrology or as is still the case today
with the harmless Christian moral interpretation of the
next personal events

6.31 »zu Ehren Gottes« und »zum Heil der Seele«:
"in honor of God" and "for the salvation of the soul":

– diese Tyrannei, diese Willkür, diese strenge und
grandiose Dummheit hat den Geist erzogen;

6.32

– this tyranny, this arbitrariness, this stern and grandiose
stupidity has educated the mind;

die Sklaverei ist, wie es scheint, im gröberen und
feineren Verstande das unentbehrliche Mittel auch
der geistigen Zucht und Züchtung.

6.33

slavery is, it seems, in the coarser and finer mind, the
indispensable means also of spiritual breeding and
chastening.

Man mag jede Moral darauf hin ansehn: die

6.34

One may look at every morality in this light: it is the

»Natur«

6.35

"nature"

in ihr ist es, welche das laisser aller, die allzugrosse
Freiheit hassen lehrt und das Bedürfniss nach
beschränkten Horizonten, nach nächsten Aufgaben
pflanzt, – welche die Verengerung der Perspektive,
und also in gewissem Sinne die Dummheit, als eine
Lebens -

6.36

in it that teaches to hate the laisser aller, the all too great
freedom, and plants the need for limited horizons, for
immediate tasks, -

und Wachsthums-Bedingung lehrt.

6.37

which teaches the narrowing of perspective, and thus in a
certain sense stupidity, as a condition of life and growth.

»Du sollst gehorchen, irgend wem, und auf lange:

6.38

"You shall obey whomsoever, and for a long time:

6.39 sonst gehst du zu Grunde und verlierst die letzte Achtung vor dir selbst«

otherwise you will perish and lose the last respect for yourself"

6.40 – dies scheint mir der moralische Imperativ der Natur zu sein, welcher freilich weder »kategorisch« ist, wie es der alte Kant von ihm verlangte (daher das »sonst« –),

– this seems to me to be the moral imperative of nature, which of course is neither "categorical", as the old Kant demanded of it (hence the "otherwise" –),

6.41 noch an den Einzelnen sich wendet (was liegt ihr am Einzelnen!),

nor is it addressed to the individual (what does it care about the individual!),

6.42 wohl aber an Völker, Rassen, Zeitalter, Stände, vor Allem aber an das ganze Thier

but rather to peoples, races, ages, classes, but above all to the whole animal

6.43 »Mensch«, an den Menschen.

"man", to man.

— **189** —

8.1 Die arbeitsamen Rassen finden eine grosse Beschwerde darin, den Müssiggang zu ertragen:

The industrious races find a great complaint in enduring idleness:

es war ein Meisterstück des englischen Instinktes,   8.2
den Sonntag in dem Maasse zu heiligen und zu
langweiligen, dass der Engländer dabei wieder
unvermerkt nach seinem Wochen - und Werktage
lüstern wird:

it was a masterpiece of the English instinct to sanctify and
bore Sunday to such an extent that the Englishman again
becomes unnoticedly lustful for his weekly and working
days:

– als eine Art klug erfundenen, klug eingeschalteten   8.3
Fastens, wie dergleichen auch in der antiken Welt
reichlich wahrzunehmen ist (wenn auch, wie billig
bei südländischen Völkern, nicht gerade in Hinsicht
auf Arbeit –).

– as a kind of cleverly invented, cleverly interposed fasting,
as the like is also abundantly to be observed in the ancient
world (although, as is cheap with southern peoples, not
exactly with regard to work -).

Es muss Fasten von vielerlei Art geben;   8.4

There must be fasts of many kinds;

und überall, wo mächtige Triebe und Gewohnheiten   8.5
herrschen, haben die Gesetzgeber dafür zu sorgen,
Schalttage einzuschieben, an denen solch ein Trieb in
Ketten gelegt wird und wieder einmal hungern lernt.

and wherever powerful impulses and habits prevail, the
legislators must see to it that leap days are inserted, on
which such impulses are put in chains and learn to starve
once more.

8.6 Von einem höheren Orte aus gesehn, erscheinen ganze Geschlechter und Zeitalter, wenn sie mit irgend einem moralischen Fanatismus behaftet auftreten, als solche eingelegte Zwangs - und Fastenzeiten, während welchen ein Trieb sich ducken und niederwerfen, aber auch sich reinigen und schärfen lernt;

Seen from a higher place, entire generations and ages, if they are tainted with any kind of moral fanaticism, appear as such periods of compulsion and fasting, during which an instinct learns to cower and prostrate itself, but also to purify and sharpen itself;

8.7 auch einzelne philosophische Sekten (zum Beispiel die Stoa inmitten der hellenistischen Cultur und ihrer mit aphrodisischen Düften überladenen und geil gewordenen Luft) erlauben eine derartige Auslegung.

individual philosophical sects (for example the Stoa in the midst of Hellenistic culture and its air overloaded with aphrodisiac scents that has become lustful) also allow such an interpretation.

8.8 – Hiermit ist auch ein Wink zur Erklärung jenes Paradoxons gegeben, warum gerade in der christlichsten Periode Europa's und überhaupt erst unter dem Druck christlicher Werthurtheile der Geschlechtstrieb sich bis zur Liebe (amour-passion) sublimirt hat.

– This also provides a clue to explaining the paradox as to why it was precisely in the most Christian period of Europe, and only under the pressure of Christian values, that the sexual instinct sublimated into love (amour-passion).

— 190 —

Es giebt Etwas in der Moral Plato's, das nicht
eigentlich zu Plato gehört, sondern sich nur an seiner
Philosophie vorfindet, man könnte sagen, trotz Plato:

10.1

There is something in Plato's morality that does not
actually belong to Plato, but is only found in his philosophy,
one could say in spite of Plato:

nämlich der Sokratismus, für den er eigentlich zu
vornehm war.

10.2

namely Socratism, for which he was actually too noble.

»Keiner will sich selbst Schaden thun,

10.3

"No one wants to harm himself,

daher geschieht alles Schlechte unfreiwillig.

10.4

so everything bad happens involuntarily.

Denn der Schlechte fügt sich selbst Schaden zu:

10.5

For the bad man does himself harm:

das würde er nicht thun, falls er wüsste, dass das
Schlechte schlecht ist.

10.6

he would not do so if he knew that the bad is bad.

Demgemäss ist der Schlechte nur aus einem Irrthum
schlecht;

10.7

Accordingly, the bad is only bad because of an error;

nimmt man ihm seinen Irrthum,

10.8

if you take away his error,

so macht man ihn notwendig – gut.«

10.9

you necessarily make him good."

10.10 – Diese Art zu schliessen riecht nach dem Pöbel,

– This way of reasoning smacks of the mob,

10.11 der am Schlechthandeln nur die leidigen Folgen in's Auge fasst und eigentlich urtheilt

which only considers the unfortunate consequences of bad actions and actually judges

10.12 »es ist dumm, schlecht zu handeln«; während er »gut«

"it is stupid to act badly"; while it takes "good"

10.13 mit »nützlich und angenehm« ohne Weiteres als identisch nimmt.

to be identical with "useful and pleasant" without further ado.

10.14 Man darf bei jedem Utilitarismus der Moral von vornherein auf diesen gleichen Ursprung rathen und seiner Nase folgen:

With every utilitarianism of morality one may guess at this same origin from the outset and follow one's nose:

10.15 man wird selten irre gehn.

one will seldom go astray.

10.16 – Plato hat Alles gethan, um etwas Feines und Vornehmes in den Satz seines Lehrers hinein zu interpretiren, vor Allem sich selbst – ,

– Plato did everything in his power to interpret something fine and noble into his teacher's sentence, above all himself –

er, der verwegenste aller Interpreten, der den ganzen Sokrates nur wie ein populäres Thema und Volkslied von der Gasse nahm, um es in's Unendliche und Unmögliche zu variiren: 10.17

he, the most audacious of all interpreters, who only took the whole of Socrates like a popular theme and folk song from the street in order to vary it to the infinite and impossible:

nämlich in alle seine eignen Masken und Vielfältigkeiten.   10.18

namely, into all his own masks and multiplicities.

Im Scherz gesprochen, und noch dazu homerisch: 10.19

Speaking jokingly, and in Homeric terms:

was ist denn der platonische Sokrates,   10.20

what is the Platonic Socrates,

wenn nicht prósthe Pláton opithén te Pláton mésse te Chímaira.   10.21

if not prósthe Pláton opithén te Pláton mésse te Chímaira.

— **191** —

Das alte theologische Problem von »Glauben« und »Wissen«   12.1

The old theological problem of "faith" and "knowledge"

– oder, deutlicher, von Instinkt und Vernunft –   12.2

– or, more clearly, of instinct and reason –

12.3 also die Frage, ob in Hinsicht auf Werthschätzung der Dinge der Instinkt mehr Autorität verdiene, als die Vernünftigkeit, welche nach Gründen, nach einem

that is, the question whether instinct deserves more authority in the estimation of the value of things than reason, which wants to be estimated and acted upon according to reasons, according to a

12.4 »Warum?«,

"why?",

12.5 als nach Zweckmässigkeit und Nützlichkeit geschätzt und gehandelt wissen will, –

than according to expediency and usefulness –

12.6 es ist immer noch jenes alte moralische Problem,

it is still that old moral problem,

12.7 wie es zuerst in der Person des Sokrates auftrat und lange vor dem Christenthum schon die Geister gespaltet hat.

as it first arose in the person of Socrates and divided minds long before Christianity.

12.8 Sokrates selbst hatte sich zwar mit dem Geschmack seines Talentes –

Socrates himself, with the taste of his talent –

12.9 dem eines überlegenen Dialektikers –

that of a superior dialectician –

12.10 zunächst auf Seiten der Vernunft gestellt;

had at first taken the side of reason;

und in Wahrheit, was hat er sein Leben lang gethan, als über die linkische Unfähigkeit seiner vornehmen Athener zu lachen, welche Menschen des Instinktes waren gleich allen vornehmen Menschen und niemals genügend über die Gründe ihres Handelns Auskunft geben konnten?   12.11

and in truth, what did he do all his life but laugh at the awkward incapacity of his noble Athenians, who were men of instinct like all noble men and could never give sufficient information about the reasons for their actions?

Zuletzt aber, im Stillen und Geheimen, lachte er auch über sich selbst: 12.12

In the end, however, he laughed silently and secretly at himself:

er fand bei sich, vor seinem feineren Gewissen und Selbstverhör, die gleiche Schwierigkeit und Unfähigkeit.   12.13

he found the same difficulty and inability in himself, before his refined conscience and self-interrogation.

Wozu aber, redete er sich zu, sich deshalb von den Instinkten lösen!   12.14

But why, he told himself, detach himself from his instincts!

Man muss ihnen und auch der Vernunft zum Recht verhelfen,   12.15

One must help them and also reason to do right,

– man muss den Instinkten folgen, aber die Vernunft überreden, ihnen dabei mit guten Gründen nachzuhelfen.   12.16·

– one must follow instincts, but persuade reason to help them with good reasons.

12.17 Dies war die eigentliche Falschheit jenes grossen geheimnissreichen Ironikers;

This was the real falsity of that great mysterious ironist;

12.18 er brachte sein Gewissen dahin, sich mit einer Art Selbstüberlistung zufrieden zu geben:

he made his conscience content with a kind of self-deception:

12.19 im Grunde hatte er das Irrationale im moralischen Urtheile durchschaut.

at bottom he had seen through the irrational in moral judgment.

12.20 – Plato, in solchen Dingen unschuldiger und ohne die Verschmitztheit des Plebejers, wollte mit Aufwand aller Kraft –

– Plato, more innocent in such matters and without the mischievousness of the plebeian, wanted to prove to himself with all his strength –

12.21 der grössten Kraft, die bisher ein Philosoph aufzuwenden hatte!

the greatest strength a philosopher has ever had to expend!

12.22 – sich beweisen, dass Vernunft und Instinkt von selbst auf Ein Ziel zugehen, auf das Gute, auf

– to prove to himself that reason and instinct go of themselves towards one goal, towards the good, towards

12.23 »Gott«;

"God";

12.24 und seit Plato sind alle Theologen und Philosophen auf der gleichen Bahn,

and since Plato all theologians and philosophers have been on the same course,

– das heisst, in Dingen der Moral hat bisher der
Instinkt, oder wie die Christen es nennen, »der
Glaube«, oder wie ich es nenne, »die Heerde« gesiegt.

12.25

– that is to say, in matters of morality instinct, or as the
Christians call it, "faith", or as I call it, "the herd", has
hitherto triumphed.

Man müsse denn Descartes ausnehmen, den Vater
des Rationalismus (und folglich Grossvater der
Revolution), welcher der Vernunft allein Autorität
zuerkannte:

12.26

We must then except Descartes, the father of rationalism
(and consequently grandfather of the revolution), who
recognized the authority of reason alone:

aber die Vernunft ist nur ein Werkzeug,

12.27

but reason is only a tool,

und Descartes war oberflächlich.

12.28

and Descartes was superficial.

— 192 —

Wer der Geschichte einer einzelnen Wissenschaft
nachgegangen ist, der findet in ihrer Entwicklung
einen Leitfaden zum Verständniss der ältesten und
gemeinsten Vorgänge alles

14.1

Whoever has followed the history of a single science will
find in its development a guide to understanding the oldest
and most common processes of all

»Wissens und Erkennens«:

14.2

"knowledge and cognition":

14.3 **dort wie hier sind die voreiligen Hypothesen, die Erdichtungen, der gute dumme Wille zum**

there, as here, the hasty hypotheses, the fictions, the good stupid will to

14.4 **»Glauben«, der Mangel an Misstrauen und Geduld zuerst entwickelt, –**

"believe", the lack of mistrust and patience are developed first –

14.5 **unsre Sinne lernen es spät, und lernen es nie ganz, feine treue vorsichtige Organe der Erkenntniss zu sein.**

our senses learn it late, and never quite learn to be fine faithful cautious organs of cognition.

14.6 **Unserm Auge fällt es bequemer, auf einen gegebenen Anlass hin ein schon öfter erzeugtes Bild wieder zu erzeugen, als das Abweichende und Neue eines Eindrucks bei sich festzuhalten:**

It is more convenient for our eye, on a given occasion, to produce again an image that has already been produced several times, than to retain the deviating and new aspect of an impression:

14.7 **letzteres braucht mehr Kraft, mehr »Moralität«.**

the latter requires more strength, more "morality".

14.8 **Etwas Neues hören ist dem Ohre peinlich und schwierig;**

Hearing something new is embarrassing and difficult for the ear;

14.9 **fremde Musik hören wir schlecht.**

we hear unfamiliar music badly.

Unwillkürlich versuchen wir, beim Hören einer 14.10
andren Sprache, die gehörten Laute in Worte
einzuformen, welche uns vertrauter und heimischer
klingen:

When we hear another language, we involuntarily try
to form the sounds we hear into words that sound more
familiar and more at home to us:

so machte sich zum Beispiel der Deutsche ehemals 14.11
aus dem gehörten arcubalista das Wort Armbrust
zurecht.

for example, the German used to make up the word
Armbrust from the word arcubalista.

Das Neue findet auch unsre Sinne feindlich und 14.12
widerwillig;

The new also finds our senses hostile and reluctant;

und überhaupt herrschen schon bei den 14.13
»einfachsten«

and in general, even the "simplest"

Vorgängen der Sinnlichkeit die Affekte, wie Furcht, 14.14
Liebe, Hass, eingeschlossen die passiven Affekte der
Faulheit.

processes of sensuality are dominated by affects such as
fear, love, hate, including the passive affects of laziness.

– So wenig ein Leser heute die einzelnen Worte (oder 14.15
gar Silben) einer Seite sämmtlich abliest –

– As little as a reader today reads the individual words (or
even syllables) of a page as a whole –

er nimmt vielmehr aus zwanzig Worten ungefähr 14.16
fünf nach Zufall heraus und

he rather picks out about five out of twenty words at
random and

14.17 »erräth«
"guesses"

14.18 den zu diesen fünf Worten muthmaasslich
zugehörigen Sinn – ,
the meaning that might belong to these five words –

14.19 eben so wenig sehen wir einen Baum genau und
vollständig, in Hinsicht auf Blätter, Zweige, Farbe,
Gestalt;
just as little do we see a tree exactly and completely, in
terms of leaves, branches, color, shape;

14.20 es fällt uns so sehr viel leichter, ein Ungefähr von
Baum hin zu phantasiren.
it is so much easier for us to fantasize about a tree.

14.21 Selbst inmitten der seltsamsten Erlebnisse machen
wir es noch ebenso:
Even in the midst of the strangest experiences we do the
same:

14.22 wir erdichten uns den grössten Theil des Erlebnisses
und sind kaum dazu zu zwingen, nicht als »Erfinder«
irgend einem Vorgange zuzuschauen.
we make up the greater part of the experience and
can hardly be forced not to watch some process as an
"inventor".

14.23 Dies Alles will sagen:
All this is to say:

14.24 wir sind von Grund aus,
we are accustomed to lying from the ground up,

14.25 von Alters her – an's Lügen gewöhnt.
from our earliest years.

Oder, um es tugendhafter und heuchlerischer, kurz angenehmer auszudrücken:

14.26

Or, to put it more virtuously and hypocritically, in short more pleasantly:

man ist viel mehr Künstler als man weiss.

14.27

we are much more artists than we know.

– In einem lebhaften Gespräch sehe ich oftmals das Gesicht der Person, mit der ich rede, je nach dem Gedanken, den sie äussert, oder den ich bei ihr hervorgerufen glaube, so deutlich und feinbestimmt vor mir, dass dieser Grad von Deutlichkeit weit über die Kraft meines Sehvermögens hinausgeht:

14.28

– In a lively conversation, I often see the face of the person I am talking to so clearly and finely defined before me, according to the thought he is expressing or which I believe has been evoked in him, that this degree of clarity goes far beyond the power of my eyesight:

– die Feinheit des Muskelspiels und des Augen-Ausdrucks muss also von mir hinzugedichtet sein.

14.29

– the subtlety of the play of muscles and the expression of the eyes must therefore be added by me.

Wahrscheinlich machte die Person ein ganz anderes Gesicht oder gar keins.

14.30

The person was probably making a completely different face or none at all.

— **193** —

16.1 Quidquid luce fuit, tenebris agit: aber auch umgekehrt.

Quidquid luce fuit, tenebris agit: but also vice versa.

16.2 Was wir im Traume erleben, vorausgesetzt, dass wir es oftmals erleben, gehört zuletzt so gut zum Gesammt-Haushalt unsrer Seele, wie irgend etwas

What we experience in dreams, provided that we often experience it, ultimately belongs as much to the total household of our soul as anything

16.3 »wirklich« Erlebtes:

"really" experienced:

16.4 wir sind vermöge desselben reicher oder ärmer, haben ein Bedürfniss mehr oder weniger und werden schliesslich am hellen lichten Tage, und selbst in den heitersten Augenblicken unsres wachen Geistes, ein Wenig von den Gewöhnungen unsrer Träume gegängelt.

we are richer or poorer because of it, have a need more or less, and are finally, in the bright light of day, and even in the most serene moments of our waking spirit, a little controlled by the habits of our dreams.

16.5 Gesetzt, dass Einer in seinen Träumen oftmals geflogen ist und endlich, sobald er träumt, sich einer Kraft und Kunst des Fliegens wie seines Vorrechtes bewusst wird, auch wie seines eigensten beneidenswerthen Glücks:

Suppose that one has often flown in his dreams, and at last, as soon as he dreams, becomes conscious of a power and art of flying as his privilege, as well as of his own enviable happiness:

ein Solcher, der jede Art von Bogen und Winkeln
mit dem leisesten Impulse verwirklichen zu können
glaubt, der das Gefühl einer gewissen göttlichen
Leichtfertigkeit kennt, ein

16.6

such a one who believes he can realize every kind of arc and
angle with the slightest impulse, who knows the feeling of
a certain divine recklessness, an

»nach, Oben« ohne Spannung und Zwang, ein »nach
Unten«

16.7

"upwards" without tension and constraint, a "downwards"

ohne Herablassung und Erniedrigung – ohne
Schwere!

16.8

without condescension and humiliation – without
heaviness!

– wie sollte der Mensch solcher Traum-Erfahrungen
und Traum-Gewohnheiten nicht endlich auch für
seinen wachen Tag das Wort

16.9

– How should the man of such dream-experiences and
dream-habits not at last find the word

»Glück«

16.10

"happiness"

anders gefärbt und bestimmt finden!

16.11

differently colored and determined for his waking day!

16.12 wie sollte er nicht anders nach Glück – verlangen«
»Aufschwung«, so wie dies von Dichtern beschrieben
wird, muss ihm, gegen jenes »Fliegen« gehalten,
schon zu erdenhaft, muskelhaft, gewaltsam, schon zu
»schwer« sein.

how should he not "long" for happiness in a different way;
"Upswing", as described by poets, must, held against that
"flying", already be too earthy, muscular, violent, already
too "heavy" for him.

— **194** —

18.1 Die Verschiedenheit der Menschen zeigt sich nicht
nur in der Verschiedenheit ihrer Gütertafeln,
also darin, dass sie verschiedene Güter für
erstrebenswerth halten und auch über das Mehr
und Weniger des Werthes, über die Rangordnung der
gemeinsam anerkannten Güter mit einander uneins
sind:

The diversity of men is not only shown in the diversity
of their tables of goods, i.e. in the fact that they consider
different goods to be desirable and also disagree with
each other about the more and less of the value, about the
ranking of the commonly recognized goods:

18.2 – sie zeigt sich noch mehr in dem, was ihnen als
wirkliches Haben und Besitzen eines Gutes gilt.

– It is even more evident in what they regard as the real
possession and ownership of a good.

In Betreff eines Weibes zum Beispiel gilt dem
Bescheideneren schon die Verfügung über den Leib
und der Geschlechtsgenuss als ausreichendes und
genugthuendes Anzeichen des Habens, des Besitzens;

18.3

With regard to a woman, for example, the more modest
man regards the disposal of her body and the enjoyment of
sex as a sufficient and adequate sign of possession;

ein Anderer, mit seinem argwöhnischeren und
anspruchsvolleren Durste nach Besitz, sieht das

18.4

another, with his more suspicious and demanding thirst
for possession, sees the

»Fragezeichen«, das nur Scheinbare eines solchen
Habens, und will feinere Proben, vor Allem, um zu
wissen, ob das Weib nicht nur ihm sich giebt, sondern
auch für ihn lässt, was sie hat oder gerne hätte – :

18.5

"question mark", the mere appearance of such possession,
and wants finer tests, above all to know whether the
woman not only gives herself to him, but also leaves for
him what she has or would like to have – :

so erst gilt es ihm als »besessen«.

18.6

only then is it regarded by him as "possessed".

Ein Dritter aber ist auch hier noch nicht am Ende
seines Misstrauens und Habenwollens, er fragt sich,
ob das Weib, wenn es Alles für ihn lässt, dies nicht
etwa für ein Phantom von ihm thut:

18.7

A third person, however, is not yet at the end of his
mistrust and desire to have, he wonders whether the
woman, if she leaves everything for him, is not doing
this for a phantom of his:

18.8 er will erst gründlich, ja abgründlich gut gekannt
sein, um überhaupt geliebt werden zu können, er
wagt es, sich errathen zu lassen – .

he first wants to be thoroughly, indeed abysmally well
known in order to be able to be loved at all, he dares to let
himself be guessed at – .

18.9 Erst dann fühlt er die Geliebte völlig in seinem
Besitze, wenn sie sich nicht mehr über ihn betrügt,
wenn sie ihn um seiner Teufelei und versteckten
Unersättlichkeit willen eben so sehr liebt, als um
seiner Güte, Geduld und Geistigkeit willen.

Only then does he feel his beloved completely in his
possession, when she no longer deceives herself about him,
when she loves him as much for the sake of his deviousness
and hidden insatiability as for the sake of his goodness,
patience and spirituality.

18.10 Jener möchte ein Volk besitzen:

The one wishes to possess a people:

18.11 und alle höheren Cagliostro - und Catilina-Künste
sind ihm zu diesem Zwecke recht.

and all the higher arts of Cagliostro and Catilina are right
for this purpose.

18.12 Ein Anderer, mit einem feineren Besitzdurste, sagt
sich

Another, with a finer thirst for possession, says to himself

18.13 »man darf nicht betrügen, wo man besitzen will« – ,

"one must not deceive where one wants to possess" – ,

18.14 er ist gereizt und ungeduldig bei der Vorstellung, dass
eine Maske von ihm über das Herz des Volks gebietet:

he is irritated and impatient at the idea that a mask of his
commands the heart of the people:

»also muss ich mich kennen lassen und, vorerst, mich selbst kennen!«

18.15

"so I must let myself be known and, for the time being, know myself!"

Unter hülfreichen und wohlthätigen Menschen findet man jene plumpe Arglist fast regelmässig vor, welche sich Den, dem geholfen werden soll, erst zurecht macht:

18.16

Among helpful and benevolent people one almost regularly finds that clumsy deceitfulness which first makes the person who is to be helped feel right:

als ob er zum Beispiel Hülfe »verdiene«, gerade nach ihrer Hülfe verlange, und für alle Hülfe sich ihnen tief dankbar, anhänglich, unterwürfig beweisen werde, –

18.17

as if, for example, he "deserved" help, demanded their help, and would prove deeply grateful, affectionate and submissive to them for all their help –

mit diesen Einbildungen verfügen sie über den Bedürftigen wie über ein Eigenthum,

18.18

with these conceits they dispose of the needy person as if he were their own property,

wie sie aus einem Verlangen nach Eigenthum überhaupt wohlthätige und hülfreiche Menschen sind.

18.19

just as they are generally benevolent and helpful people out of a desire for property.

Man findet sie eifersüchtig, wenn man sie beim Helfen kreuzt oder ihnen zuvorkommt.

18.20

One finds them jealous if one crosses them in helping or beats them to it.

18.21 **Die Eltern machen unwillkürlich aus dem Kinde etwas ihnen Ähnliches –**

The parents involuntarily turn the child into something similar to themselves –

18.22 **sie nennen das »Erziehung« – ,**

they call it "education" – ,

18.23 **keine Mutter zweifelt im Grunde ihres Herzens daran, am Kinde sich ein Eigenthum geboren zu haben, kein Vater bestreitet sich das Recht, es seinen Begriffen und Werthschätzungen unterwerfen zu dürfen.**

no mother doubts in her heart of hearts that she has taken ownership of the child, no father denies himself the right to subject it to his concepts and estimations of value.

18.24 **Ja, ehemals schien es den Vätern billig, über Leben und Tod des Neugebornen (wie unter den alten Deutschen) nach Gutdünken zu verfügen.**

Indeed, in former times it seemed fair to the fathers to dispose of the life and death of the newborn (as among the old Germans) as they saw fit.

18.25 **Und wie der Vater, so sehen auch jetzt noch der Lehrer, der Stand, der Priester, der Fürst in jedem neuen Menschen eine unbedenkliche Gelegenheit zu neuem Besitze.**

And like the father, even now the teacher, the class, the priest, the prince still see in every new person an unobjectionable opportunity for new possessions.

18.26 **Woraus folgt ...**

From which follows ...

— 195 —

Die Juden – ein Volk

The Jews – a people

20.1

»geboren zur Sklaverei«, wie Tacitus und die ganze antike Welt sagt,

"born to slavery", as Tacitus and the whole ancient world says,

20.2

»das auserwählte Volk unter den Völkern«,

"the chosen people among the nations",

20.3

wie sie selbst sagen und glauben –

as they themselves say and believe –

20.4

die Juden haben jenes Wunderstück von Umkehrung der Werthe zu Stande gebracht,

the Jews have brought about that miracle of reversal of values,

20.5

Dank welchem das Leben auf der Erde für ein Paar Jahrtausende einen neuen und gefährlichen Reiz erhalten hat:

thanks to which life on earth has acquired a new and dangerous charm for a couple of millennia:

20.6

– ihre Propheten haben »reich«

– their prophets melted "rich"

20.7

»gottlos«

"godless"

20.8

»böse«

"evil"

20.9

292

20.10 **»gewaltthätig«**

"violent"

20.11 **»sinnlich« in Eins geschmolzen und zum ersten Male das Wort**

"sensual" into one and for the first time coined the word

20.12 **»Welt«, zum Schandwort gemünzt.**

"world", into a word of shame.

20.13 **In dieser Umkehrung der Werthe (zu der es gehört, das Wort für »Arm« als synonym mit »Heilig« und »Freund« zu brauchen) liegt die Bedeutung des jüdischen Volks:**

In this reversal of values (which includes using the word for "poor" as a synonym for "holy" and "friend") lies the significance of the Jewish people:

20.14 **mit ihm beginnt der Sklaven-Aufstand in der Moral.**

the slave revolt in morality begins with them.

— 196 —

22.1 **Es giebt unzählige dunkle Körper neben der Sonne zu erschliessen, –**

There are innumerable dark bodies to be discovered beside the sun –

22.2 **solche die wir nie sehen werden.**

such as we shall never see.

22.3 **Das ist, unter uns gesagt, ein Gleichniss;**

This is, between you and me, a parable;

und ein Moral-Psycholog liest die gesammte
Sternenschrift nur als eine Gleichniss - und
Zeichensprache,

22.4

and a moral psychologist reads the entire star script as a
language of parables and signs,

mit der sich Vieles verschweigen lässt.

22.5

with which much can be concealed.

— **197** —

Man missversteht das Raubthier und den
Raubmenschen (zum Beispiele Cesare Borgia)
gründlich, man missversteht die »Natur«, so lange
man noch nach einer »Krankhaftigkeit« im Grunde
dieser gesündesten aller tropischen Unthiere
und Gewächse sucht, oder gar nach einer ihnen
eingeborenen »Hölle« – :

24.1

One thoroughly misunderstands the predatory animal
and the predatory man (for example Cesare Borgia), one
misunderstands "nature" as long as one is still looking for a
"morbidity" at the bottom of these healthiest of all tropical
animals and plants, or even for an innate "hell" – :

wie es bisher fast alle Moralisten gethan haben.

24.2

as almost all moralists have done so far.

Es scheint, dass es bei den Moralisten einen Hass
gegen den Urwald und gegen die Tropen giebt?

24.3

It seems that there is a hatred of the jungle and the tropics
among moralists?

Und dass der »tropische Mensch«

24.4

And that the "tropical man"

24.5 um jeden Preis diskreditirt werden muss, sei es als
Krankheit und Entartung des Menschen, sei es als
eigne Hölle und Selbst-Marterung?
must be discredited at all costs, be it as a disease and
degeneration of man, be it as his own hell and self-
martyrdom?

24.6 Warum doch? Zu Gunsten der »gemässigten Zonen?«
Why is that? In favor of the "temperate zones?"

24.7 Zu Gunsten der gemässigten Menschen? Der
»Moralischen«?
In favor of the moderate people? The "moral" ones?

24.8 Der Mittelmässigen? – Dies zum Kapitel
The mediocre? – This to the chapter

24.9 »Moral als Furchtsamkeit«. –
"Morality as fearfulness". –

— **198** —

26.1 Alle diese Moralen, die sich an die einzelne Person
wenden, zum Zwecke ihres »Glückes«, wie es heisst, –
All these morals, which are addressed to the individual
person for the purpose of his "happiness," as it is called, –

26.2 was sind sie Anderes, als Verhaltungs-Vorschläge im
Verhältniss zum Grade der Gefährlichkeit, in welcher
die einzelne Person mit sich selbst lebt;
what are they but suggestions for conduct in proportion to
the degree of danger in which the individual person lives
with himself;

Recepte gegen ihre Leidenschaften, ihre guten und 26.3
schlimmen Hänge, so fern sie den Willen zur Macht
haben und den Herrn spielen möchten;
recipes against his passions, his good and bad tendencies,
so far as they have the will to power and would like to play
the master;

kleine und grosse Klugheiten und Künsteleien, 26.4
small and great prudences and artificialities,

behaftet mit dem Winkelgeruch alter Hausmittel und 26.5
Altweiber-Weisheit;
tainted with the corner smell of old household remedies
and old wives' wisdom;

allesammt in der Form barock und unvernünftig – 26.6
all of them baroque and unreasonable in form –

weil sie sich an »Alle« wenden, weil sie generalisiren, 26.7
wo nicht generalisirt werden darf – ,
because they address "everyone", because they generalize
where generalization is not allowed – ,

allesammt unbedingt redend, sich unbedingt 26.8
nehmend, allesammt nicht nur mit Einem Korne
Salz gewürzt, vielmehr erst erträglich, und bisweilen
sogar verführerisch, wenn sie überwürzt und
gefährlich zu riechen lernen, vor Allem
all of them talking unconditionally, taking themselves
unconditionally, all of them not only seasoned with a
grain of salt, but rather only bearable, and sometimes even
seductive, when they learn to smell over-seasoned and
dangerous, above all

»nach der anderen Welt«: 26.9
"of the other world":

26.10 **Das ist Alles, intellektuell gemessen, wenig werth und noch lange nicht**
All this, measured intellectually, is of little value and is far from being

26.11 **»Wissenschaft«, geschweige denn**
"science", let alone

26.12 **»Weisheit«, sondern, nochmals gesagt und dreimal gesagt, Klugheit, Klugheit, Klugheit, gemischt mit Dummheit, Dummheit, Dummheit, –**
"wisdom", but, to say it again and three times, cleverness, cleverness, cleverness, mixed with stupidity, stupidity, stupidity, –

26.13 **sei es nun jene Gleichgültigkeit und Bildsäulenkälte gegen die hitzige Narrheit der Affekte, welche die Stoiker anriethen und ankurirten;**
whether it be that indifference and coldness of image against the hot-tempered foolishness of the affects which the Stoics invoked and curried;

26.14 **oder auch jenes Nicht-mehr-Lachen und Nicht-mehr-Weinen des Spinoza,**
or the no-more-laughing and no-more-crying of Spinoza,

26.15 **seine so naiv befürwortete Zerstörung der Affekte durch Analysis und Vivisektion derselben;**
his so naively advocated destruction of the affects through analysis and vivisection of them;

26.16 **oder jene Herabstimmung der Affekte auf ein unschädliches Mittelmaass, bei welchem sie befriedigt werden dürfen, der Aristotelismus der Moral;**
or the reduction of the affects to a harmless mediocrity in which they may be satisfied, the Aristotelianism of morality;

selbst Moral als Genuss der Affekte in einer   26.17
absichtlichen Verdünnung und Vergeistigung durch
die Symbolik der Kunst, etwa als Musik, oder als
Liebe zu Gott und zum Menschen um Gotteswillen –
even morality as the enjoyment of the affects in a deliberate
dilution and spiritualization through the symbolism of art,
for example as music, or as love of God and man for God's
sake –

denn in der Religion haben die Leidenschaften   26.18
wieder Bürgerrecht,
for in religion the passions have civil rights again,

vorausgesetzt dass;   26.19
provided that;

zuletzt selbst jene entgegenkommende und   26.20
muthwillige Hingebung an die Affekte, wie sie Hafis
und Goethe gelehrt haben, jenes kühne Fallen-lassen
der Zügel, jene geistig-leibliche licentia morum
in dem Ausnahmefalle alter weiser Käuze und
Trunkenbolde, bei denen es
Finally, even that obliging and willful devotion to the
emotions as taught by Hafez and Goethe, that bold letting
go of the reins, that mental and physical licentia morum
in the exceptional case of old wise codgers and drunkards,
with whom there is

»wenig Gefahr mehr hat«. Auch Dies zum Kapitel   26.21
"little danger left". This is also part of the chapter

»Moral als Furchtsamkeit«.   26.22
"Morality as fearfulness".

— **199** —

28.1 Insofern es zu allen Zeiten, so lange es Menschen giebt, auch Menschenheerden gegeben hat (Geschlechts-Verbände, Gemeinden, Stämme, Völker, Staaten, Kirchen) und immer sehr viel Gehorchende im Verhältniss zu der kleinen Zahl Befehlender, –

Inasmuch as at all times, as long as there have been human beings, there have also been armies of human beings (gender associations, communities, tribes, peoples, states, churches) and always a great many obeyers in proportion to the small number of those giving orders, –

28.2 in Anbetracht also, dass Gehorsam bisher am besten und längsten unter Menschen geübt und gezüchtet worden ist, darf man billig voraussetzen, dass durchschnittlich jetzt einem jeden das Bedürfniss darnach angeboren ist, als eine Art formalen Gewissens, welches gebietet:

in view of the fact that obedience has been practiced and bred best and longest among human beings, one may reasonably assume that on average everyone now has an innate need for it, as a kind of formal conscience that commands:

28.3 »du sollst irgend Etwas unbedingt thun, irgend Etwas unbedingt lassen«, kurz

"you shall do something unconditionally, leave something unconditionally", in short

28.4 »du sollst«.

"you shall".

28.5 Dies Bedürfniss sucht sich zu sättigen und seine Form mit einem Inhalte zu füllen;

This need seeks to satisfy itself and to fill its form with a content;

es greift dabei, gemäss seiner Stärke, Ungeduld
und Spannung, wenig wählerisch, als ein grober
Appetit, zu und nimmt an, was ihm nur von irgend
welchen Befehlenden – Eltern, Lehrern, Gesetzen,
Standesvorurtheilen, öffentlichen Meinungen – in's
Ohr gerufen wird.

28.6

in so doing, in accordance with its strength, impatience
and excitement, it reaches out little selectively, like a coarse
appetite, and accepts whatever is called into its ear by any
commanding authority - parents, teachers, laws, class
prejudices, public opinions.

Die seltsame Beschränktheit der menschlichen
Entwicklung, das Zögernde, Langwierige, oft
Zurücklaufende und Sich-Drehende derselben
beruht darauf, dass der Heerden-Instinkt des
Gehorsams am besten und auf Kosten der Kunst
des Befehlens vererbt wird.

28.7

The strange narrowness of human development, the
hesitating, protracted, often backward and revolving
nature of it, is due to the fact that the herd instinct of
obedience is best inherited at the expense of the art of
commanding.

Denkt man sich diesen Instinkt einmal bis zu seinen
letzten Ausschweifungen schreitend,

28.8

If one thinks of this instinct as having progressed to its last
excesses,

so fehlen endlich geradezu die Befehlshaber und
Unabhängigen;

28.9

then finally the commanders and the independent ones are
virtually absent;

28.10 oder sie leiden innerlich am schlechten Gewissen und haben nöthig, sich selbst erst eine Täuschung vorzumachen, um befehlen zu können:

or they suffer inwardly from a bad conscience and have to deceive themselves first in order to be able to command:

28.11 nämlich als ob auch sie nur gehorchten.

namely, as if they too were only obeying.

28.12 Dieser Zustand besteht heute thatsächlich in Europa:

This condition actually exists in Europe today:

28.13 ich nenne ihn die moralische Heuchelei der Befehlenden.

I call it the moral hypocrisy of those who give orders.

28.14 Sie wissen sich nicht anders vor ihrem schlechten Gewissen zu schützen als dadurch, dass sie sich als Ausführer älterer oder höherer Befehle gebärden (der Vorfahren, der Verfassung, des Rechts, der Gesetze oder gar Gottes) oder selbst von der Heerden-Denkweise her sich Heerden-Maximen borgen, zum Beispiel als

They know no other way of protecting themselves from their guilty conscience than by behaving as the executors of older or higher orders (of their ancestors, the constitution, the law, the laws or even of God) or even by borrowing maxims from the army way of thinking, for example as

28.15 »erste Diener ihres Volks« oder als

"first servants of their people" or as

28.16 »Werkzeuge des gemeinen Wohls«.

"instruments of the common good".

Auf der anderen Seite giebt sich heute der 28.17
Heerdenmensch in Europa das Ansehn, als sei er die
einzig erlaubte Art Mensch, und verherrlicht seine
Eigenschaften, vermöge deren er zahm, verträglich
und der Heerde nützlich ist, als die eigentlich
menschlichen Tugenden:

On the other hand, the herd man in Europe today gives
himself the appearance of being the only permissible kind
of man, and glorifies his qualities, by virtue of which he is
tame, agreeable and useful to the herd, as the truly human
virtues:

also Gemeinsinn, Wohlwollen, Rücksicht, Fleiss, 28.18
Mässigkeit, Bescheidenheit, Nachsicht, Mitleiden.

i.e. public spirit, benevolence, consideration, diligence,
moderation, modesty, forbearance, compassion.

Für die Fälle aber, wo man der Führer und 28.19
Leithammel nicht entrathen zu können glaubt,
macht man heute Versuche über Versuche, durch
Zusammen-Addiren kluger Heerdenmenschen die
Befehlshaber zu ersetzen:

In cases, however, where it is believed that leaders and
chiefs cannot be dispensed with, attempts are made today
to replace the commanders by assembling intelligent men
of the army:

dieses Ursprungs sind zum Beispiel alle 28.20
repräsentativen Verfassungen.

all representative constitutions, for example, have this
origin.

28.21 Welche Wohlthat, welche Erlösung von einem
unerträglich werdenden Druck trotz Alledem das
Erscheinen eines unbedingt Befehlenden für diese
Heerdenthier-Europäer ist, dafür gab die Wirkung,
welche das Erscheinen Napoleon's machte, das letzte
grosse Zeugniss:

What a good deed, what a relief from a pressure that is
becoming unbearable, the appearance of an unconditional
commander is for these army-men-Europeans, in spite of
everything, the effect that the appearance of Napoleon
made gave the last great testimony:

28.22 – die Geschichte der Wirkung Napoleon's ist beinahe
die Geschichte des höheren Glücks, zu dem es
dieses ganze Jahrhundert in seinen werthvollsten
Menschen und Augenblicken gebracht hat.

– the history of Napoleon's effect is almost the history
of the higher happiness to which this whole century has
brought it in its most valuable men and moments.

— 200 —

30.1 Der Mensch aus einem Auflösungs-Zeitalter, welches
die Rassen durch einander wirft, der als Solcher die
Erbschaft einer vielfältigen Herkunft im Leibe hat,
das heisst gegensätzliche und oft nicht einmal nur
gegensätzliche Triebe und Werthmaasse, welche mit
einander kämpfen und sich selten Ruhe geben, –

The man from an age of dissolution, which throws the races
through one another, who as such has the inheritance of a
diverse origin in his body, that is, opposing and often not
even only opposing drives and values, which fight with one
another and rarely give each other peace, –

ein solcher Mensch der späten Culturen und der gebrochenen Lichter wird durchschnittlich ein schwächerer Mensch sein:

30.2

such a man of late cultures and broken lights will on average be a weaker man:

sein gründlichstes Verlangen geht darnach, dass der Krieg, der er ist, einmal ein Ende habe;

30.3

his deepest longing is that the war, which he is, should one day come to an end;

das Glück erscheint ihm, in Übereinstimmung mit einer beruhigenden (zum Beispiel epikurischen oder christlichen) Medizin und Denkweise, vornehmlich als das Glück des Ausruhens, der Ungestörtheit, der Sattheit, der endlichen Einheit, als

30.4

happiness appears to him, in accordance with a soothing (for example, Epicurean or Christian) medicine and way of thinking, primarily as the happiness of rest, of undisturbedness, of satiety, of finite unity, as the

»Sabbat der Sabbate«, um mit dem heiligen Rhetor Augustin zu reden, der selbst ein solcher Mensch war.

30.5

"Sabbath of Sabbaths", to use the words of the holy rhetorician Augustine, who was himself such a man.

30.6 – Wirkt aber der Gegensatz und Krieg in einer
solchen Natur wie ein Lebensreiz und – Kitzel
mehr – , und ist andererseits zu ihren mächtigen
und unversöhnlichen Trieben auch die eigentliche
Meisterschaft und Feinheit im Kriegführen mit
sich, also Selbst-Beherrschung, Selbst-Überlistung
hinzuvererbt und angezüchtet:

– If, however, opposition and war in such a nature act like
a life stimulus and thrill - and if, on the other hand, the
actual mastery and subtlety in waging war with oneself, i.e.
self-control, self-control, is inherited and bred in addition
to its powerful and irreconcilable instincts:

30.7 so entstehen jene zauberhaften Unfassbaren
und Unausdenklichen, jene zum Siege und zur
Verführung vorherbestimmten Räthselmenschen,
deren schönster Ausdruck Alciblades und Caesar
(– denen ich gerne jenen ersten Europäer nach
meinem Geschmack, den Hohenstaufen Friedrich
den Zweiten zugesellen möchte), unter Künstlern
vielleicht Lionardo da Vinci ist.

thus arise those enchanting incomprehensibles and
unthinkables, those enigmatic men predestined to victory
and seduction, whose finest expression is Alciblades and
Caesar (– to whom I would like to add that first European to
my taste, the Hohenstaufen Frederick the Second), among
artists perhaps Lionardo da Vinci.

30.8 Sie erscheinen genau in den selben Zeiten, wo jener
schwächere Typus, mit seinem Verlangen nach Ruhe,
in den Vordergrund tritt –

They appear at exactly the same times when that weaker
type, with its desire for tranquillity, comes to the fore –

beide Typen gehören zu einander und entspringen den gleichen Ursachen.

30.9

both types belong to each other and spring from the same causes.

— **201** —

So lange die Nützlichkeit, die in den moralischen Werthurtheilen herrscht, allein die Heerden-Nützlichkeit ist, so lange der Blick einzig der Erhaltung der Gemeinde zugewendet ist, und das Unmoralische genau und ausschliesslich in dem gesucht wird, was dem Gemeinde-Bestand gefährlich scheint:

32.1

As long as the usefulness that prevails in moral value judgments is solely the usefulness of the herd, as long as the gaze is turned solely to the preservation of the community, and the immoral is sought precisely and exclusively in that which seems dangerous to the existence of the community:

so lange kann es noch keine »Moral der Nächstenliebe« geben.

32.2

so long there can be no "morality of charity".

32.3 Gesetzt, es findet sich auch da bereits eine beständige kleine Übung von Rücksicht, Mitleiden, Billigkeit, Milde, Gegenseitigkeit der Hülfeleistung, gesetzt, es sind auch auf diesem Zustande der Gesellschaft schon alle jene Triebe thätig, welche später mit Ehrennamen, als »Tugenden« bezeichnet werden und schliesslich fast mit dem Begriff »Moralität« in Eins zusammenfallen:

Suppose, however, that there is already a constant little exercise of consideration, compassion, equity, clemency, reciprocity of assistance, suppose, too, that in this state of society all those instincts are already active which are later given honorary names, called "virtues", and finally almost coincide with the term "morality":

32.4 in jener Zeit gehören sie noch gar nicht in das Reich der moralischen Werthschätzungen –

at that time they do not yet belong at all to the realm of moral estimations of value –

32.5 sie sind noch aussermoralisch.

they are still extra-moral.

32.6 Eine mitleidige Handlung zum Beispiel heisst in der besten Römerzeit weder gut noch böse, weder moralisch noch unmoralisch;

A compassionate act, for example, in the best Roman times is called neither good nor bad, neither moral nor immoral;

32.7 und wird sie selbst gelobt, so verträgt sich mit diesem Lobe noch auf das Beste eine Art unwilliger Geringschätzung, sobald sie nämlich mit irgend einer Handlung zusammengehalten wird, welche der Förderung des Ganzen, der res publica, dient.

and if it is itself praised, a kind of unwilling contempt is still compatible with this praise, as soon as it is held together with any act that serves the promotion of the whole, the res publica.

Zuletzt ist die »Liebe zum Nächsten«   32.8
Finally, the "love of one's neighbor"

immer etwas Nebensächliches,   32.9
is always something secondary,

zum Theil Conventionelles und Willkürlich-   32.10
Scheinbares im Verhältniss zur Furcht vor dem
Nächsten.
partly conventional and arbitrary in relation to the fear of
one's neighbor.

Nachdem das Gefüge der Gesellschaft im Ganzen   32.11
festgestellt und gegen äussere Gefahren gesichert
erscheint, ist es diese Furcht vor dem Nächsten,
welche wieder neue Perspektiven der moralischen
Werthschätzung schafft.
After the structure of society as a whole has been
established and appears to be secured against external
dangers, it is this fear of one's neighbor that again creates
new perspectives of moral appreciation.

32.12 Gewisse starke und gefährliche Triebe, wie Unternehmungslust, Tollkühnheit, Rachsucht, Verschlagenheit, Raubgier, Herrschsucht, die bisher in einem gemeinnützigen Sinne nicht nur geehrt unter anderen Namen, wie billig, als den eben gewählten sondern gross-gezogen und - gezüchtet werden mussten (weil man ihrer in der Gefahr des Ganzen gegen die Feinde des Ganzen beständig bedurfte), werden nunmehr in ihrer Gefährlichkeit doppelt stark empfunden – jetzt, wo die Abzugskanäle für sie fehlen – und schrittweise, als unmoralisch, gebrandmarkt und der Verleumdung preisgegeben.

Certain strong and dangerous instincts, such as enterprise, foolhardiness, vindictiveness, cunning, rapacity, lust for power, which hitherto in a charitable sense have not only been honored under other names, as is fair, than the one just chosen, but had to be raised and bred (because they were constantly needed in the danger of the whole against the enemies of the whole), are now felt doubly strongly in their danger - now that the channels of escape for them are missing - and gradually branded as immoral and exposed to slander.

32.13 Jetzt kommen die gegensätzlichen Triebe und Neigungen zu moralischen Ehren;

Now the opposing instincts and inclinations are given moral honor;

32.14 der Heerden-Instinkt zieht, Schritt für Schritt, seine Folgerung.

the Heerden instinct draws its conclusions step by step.

Wie viel oder wie wenig Gemein-Gefährliches, der Gleichheit Gefährliches in einer Meinung, in einem Zustand und Affekte, in einem Willen, in einer Begabung liegt, das ist jetzt die moralische Perspektive:

32.15

How much or how little that which is dangerous to the common good, dangerous to equality, lies in an opinion, in a state and affect, in a will, in a talent, that is now the moral perspective:

die Furcht ist auch hier wieder die Mutter der Moral.

32.16

here again fear is the mother of morality.

An den höchsten und stärksten Trieben, wenn sie, leidenschaftlich ausbrechend, den Einzelnen weit über den Durchschnitt und die Niederung des Heerdengewissens hinaus und hinauf treiben, geht das Selbstgefühl der Gemeinde zu Grunde, ihr Glaube an sich, ihr Rückgrat gleichsam, zerbricht:

32.17

The highest and strongest impulses, when they break out passionately and drive the individual far beyond the average and upwards into the lowlands of the conscience of the earth, destroy the community's sense of self, their faith in themselves, their backbone, as it were, breaks:

folglich wird man gerade diese Triebe am besten brandmarken und verleumden.

32.18

consequently it is precisely these impulses that are best denounced and slandered.

Die hohe unabhängige Geistigkeit, der Wille zum Alleinstehn, die grosse Vernunft schon werden als Gefahr empfunden;

32.19

The high independent spirituality, the will to stand alone, the great reason are already perceived as a danger;

32.20 **Alles, was den Einzelnen über die Heerde hinaushebt und dem Nächsten Furcht macht, heisst von nun an böse;**

everything that lifts the individual above the herd and makes his neighbor fearful is from now on called evil;

32.21 **die billige, bescheidene, sich einordnende, gleichsetzende Gesinnung, das Mittelmaass der Begierden kommt zu moralischen Namen und Ehren.**

the cheap, modest, subordinate, equating attitude, the mediocrity of desires comes to moral names and honors.

32.22 **Endlich, unter sehr friedfertigen Zuständen, fehlt die Gelegenheit und Nöthigung immer mehr, sein Gefühl zur Strenge und Härte zu erziehn;**

At last, under very peaceful conditions, the opportunity and necessity of educating his feelings to severity and hardness are more and more lacking;

32.23 **und jetzt beginnt jede Strenge, selbst in der Gerechtigkeit, die Gewissen zu stören;**

and now all severity, even in justice, begins to disturb the conscience;

32.24 **eine hohe und harte Vornehmheit und Selbst-Verantwortlichkeit beleidigt beinahe und erweckt Misstrauen,**

a high and hard nobleness and self-responsibility almost offends and arouses distrust,

32.25 **»das Lamm«, noch mehr »das Schlaf« gewinnt an Achtung.**

"the lamb", still more "the sleep" gains respect.

Es giebt einen Punkt von krankhafter Vermürbung und Verzärtlichung in der Geschichte der Gesellschaft, wo sie selbst für ihren Schädiger, den Verbrecher Partei nimmt, und zwar ernsthaft und ehrlich.

32.26

There is a point in the history of society at which it takes sides, seriously and honestly, with its victim, the criminal.

Strafen: das scheint ihr irgendworin unbillig,

32.27

Punishment: that seems somehow unjust to her,

– gewiss ist, dass die Vorstellung »Strafe« und

32.28

– it is certain that the idea of "punishment" and

»Strafen-Sollen« ihr wehe thut, ihr Furcht macht.

32.29

"punishment-obligation" hurts her, frightens her.

»Genügt es nicht, ihn ungefährlich machen? Wozu noch strafen?

32.30

"Is it not enough to make him harmless? Why punish him?

Strafen selbst ist fürchterlich!«

32.31

Punishment itself is terrible!"

– mit dieser Frage zieht die Heerden-Moral, die Moral der Furchtsamkeit ihre letzte Consequenz.

32.32

– With this question, the morality of the herd, the morality of fearfulness, draws its final conclusion.

Gesetzt, man könnte überhaupt die Gefahr, den Grund zum Fürchten abschaffen, so hätte man diese Moral mit abgeschafft:

32.33

Suppose one could abolish danger altogether, the reason for fear, then one would also have abolished this morality:

sie wäre nicht mehr nöthig,

32.34

it would no longer be necessary,

32.35 sie hielte sich selbst nicht mehr für nöthig!

it would no longer consider itself necessary!

32.36 – Wer das Gewissen des heutigen Europäers prüft, wird aus tausend moralischen Falten und Verstecken immer den gleichen Imperativ herauszuziehen haben, den Imperativ der Heerden-Furchtsamkeit:

– Whoever examines the conscience of today's European will always have to extract the same imperative from a thousand moral folds and hiding places, the imperative of fear of the herd:

32.37 wir wollen, dass es irgendwann einmal Nichts mehr zu fürchten giebt!

we want there to be nothing more to fear one day!

32.38 «Irgendwann einmal –

"Someday –

32.39 der Wille und Weg dorthin heisst heute in Europa überall der »Fortschritt«.

the will and the way to get there is called "progress" everywhere in Europe today.

— **202** —

34.1 Sagen wir es sofort noch einmal, was wir schon hundert Mal gesagt haben:

Let us say again at once what we have already said a hundred times:

34.2 denn die Ohren sind für solche Wahrheiten –

for ears are not well disposed to such truths –

für unsere Wahrheiten – heute nicht gutwillig. 34.3
to our truths – today.

Wir wissen es schon genug, wie beleidigend es klingt, 34.4
wenn Einer überhaupt den Menschen ungeschminkt
und ohne Gleichniss zu den Thieren rechnet;
We already know well enough how offensive it sounds
when one reckons man unadornedly and without parable
among the animals;

aber es wird beinahe als Schuld uns angerechnet 34.5
werden, dass wir gerade in Bezug auf die Menschen
der »modernen Ideen« beständig die Ausdrücke
»Heerde«, »Heerden-Instinkte« und dergleichen
gebrauchen.
but it will almost be counted against us that we constantly
use the expressions "herd", "herd instincts" and the like in
relation to the people of "modern ideas".

Was hilft es! Wir können nicht anders: 34.6
What good does it do! We cannot help it:

denn gerade hier liegt unsre neue Einsicht. 34.7
for it is precisely here that our new insight lies.

Wir fanden, dass in allen moralischen 34.8
Haupturtheilen Europa einmüthig geworden ist, die
Länder noch hinzugerechnet, wo Europa's Einfluss
herrscht:
We found that Europe has become unanimous in all major
moral judgments, including the countries where Europe's
influence prevails:

314

34.9 man weiss ersichtlich in Europa, was Sokrates nicht zu wissen meinte, und was jene alte berühmte Schlange einst zu lehren verhiess, –

people in Europe clearly know what Socrates did not think they knew, and what that old famous snake once promised to teach –

34.10 man »weiss« heute, was Gut und Böse ist.

today they "know" what good and evil are.

34.11 Nun muss es hart klingen und schlecht zu Ohren gehn, wenn wir immer von Neuem darauf bestehn: was hier zu wissen glaubt, was hier mit seinem Loben und Tadeln sich selbst verherrlicht, sich selbst gut heisst, ist der Instinkt des Heerdenthiers Mensch: als welcher zum Durchbruch, zum Übergewicht, zur Vorherrschaft über andere Instinkte gekommen ist und immer mehr kommt, gemäss der wachsenden physiologischen Annäherung und Anähnlichung, deren Symptom er ist.

Now it must sound harsh and be hard on the ears if we insist again and again that what we think we know here, what glorifies itself with its praise and reproach, what calls itself good, is the instinct of the herd animal man: as which has come to a breakthrough, to predominance, to supremacy over other instincts, and is coming more and more, according to the growing physiological approximation and resemblance of which it is a symptom.

34.12 Moral ist heute in Europa Heerdenthier-Moral:

Morality in Europe today is heerdenthier morality:

315

– also nur, wie wir die Dinge verstehn, Eine Art von menschlicher Moral, neben der, vor der, nach der viele andere, vor Allem höhere Moralen möglich sind oder sein sollten. 34.13

– thus only, as we understand things, a kind of human morality, beside which, before which, after which many other, above all higher morals are or should be possible.

Gegen eine solche 34.14

But this morality defends itself with all its might against such a

»Möglichkeit«, 34.15

"possibility",

gegen ein solches »Sollte« wehrt sich aber diese Moral mit allen Kräften: 34.16

against such a "should":

sie sagt hartnäckig und unerbittlich »ich bin die Moral selbst, 34.17

it says stubbornly and relentlessly "I am morality itself,

und Nichts ausserdem ist Moral!« 34.18

and nothing else is morality!"

– ja mit Hülfe einer Religion, welche den sublimsten Heerdenthier-Begierden zu Willen war und schmeichelte, ist es dahin gekommen, dass wir selbst in den politischen und gesellschaftlichen Einrichtungen einen 34.19

– Indeed, with the help of a religion that was at the will of and flattered the most sublime desires of the herd, we have come to the point where even in political and social institutions we have a

35.1 immer sichtbareren Ausdruck dieser Moral finden:
increasingly visible expression of this morality:

35.2 die demokratische Bewegung macht die Erbschaft der christlichen.
the democratic movement is inheriting the Christian one.

35.3 Dass aber deren Tempo für die Ungeduldigeren, für die Kranken und Süchtigen des genannten Instinktes noch viel zu langsam und schläfrig ist, dafür spricht das immer rasender werdende Geheul, das immer unverhülltere Zähnefletschen der Anarchisten-Hunde, welche jetzt durch die Gassen der europäischen Cultur schweifen:
But that its pace is still far too slow and sleepy for the more impatient, for the sick and addicted of the aforementioned instinct, is indicated by the ever more frantic howling, the ever more undisguised snarling of the anarchist dogs, which are now roaming the streets of European culture:

35.4 anscheinend im Gegensatz zu den friedlich-arbeitsamen Demokraten und Revolutions-Ideologen,
apparently in opposition to the peaceful,

35.5 noch mehr zu den tölpelhaften Philosophastern und Bruderschafts-Schwärmern,
industrious democrats and revolutionary ideologues,

35.6 welche sich Socialisten nennen und die »freie Gesellschaft« wollen,
still more to the doltish philosophasists and fraternity-enthusiasts who call themselves socialists and want the "free society,"

in Wahrheit aber Eins mit ihnen Allen in der
gründlichen und instinktiven Feindseligkeit gegen
jede andre Gesellschafts-Form als die der autonomen
Heerde (bis hinaus zur Ablehnung selbst der Begriffe

35.7

but in truth one with them all in the thorough and
instinctive hostility to any other form of society than
that of the autonomous herd (to the point of rejecting even
the terms

»Herr« und »Knecht«

35.8

"master" and "servant"

– ni dieu ni maître heisst eine socialistische
Formel –) ;

35.9

– ni dieu ni maître is one socialist formula –) ;

Eins im zähen Widerstande gegen jeden Sonder-
Anspruch, jedes Sonder-Recht und Vorrecht (das
heisst im letzten Grunde gegen jedes Recht:

35.10

One in tenacious resistance to every special claim, every
special right and privilege (that is, in the last analysis, to
every right:

denn dann, wenn Alle gleich sind, braucht Niemand
mehr Rechte« –) ;

35.11

for then, when all are equal, no one needs any more
rights" –) ;

Eins im Misstrauen gegen die strafende Gerechtigkeit
(wie als ob sie eine Vergewaltigung am Schwächeren,

35.12

One in distrust of punitive justice (as if it were a rape on the
weaker,

ein Unrecht an der nothwendigen Folge aller
früheren Gesellschaft wäre –) ;

35.13

an injustice to the necessary consequence of all previous
society –) ;

35.14 aber ebenso Eins in der Religion des Mitleidens, im Mitgefühl, soweit nur gefühlt, gelebt, gelitten wird (bis hinab zum Thier, bis hinauf zu

but equally One in the religion of compassion, in compassion, insofar as only is felt, lived, suffered (down to the animal, up to

35.15 »Gott«:

"God":

35.16 – die Ausschweifung eines Mitleidens mit Gott« gehört in ein demokratisches Zeitalter –) ;

– the debauchery of a compassion for "God" belongs in a democratic age –) ;

35.17 Eins allesammt im Schrei und der Ungeduld des Mitleidens, im Todhass gegen das Leiden überhaupt, in der fast weiblichen Unfähigkeit, Zuschauer dabei bleiben zu können, leiden lassen zu können;

One all together in the cry and impatience of compassion, in the mortal hatred of suffering in general, in the almost feminine inability to be able to remain a spectator to it, to let it suffer;

35.18 Eins in der unfreiwilligen Verdüsterung und Verzärtlichung, unter deren Bann Europa von einem neuen Buddhismus bedroht scheint;

One in the involuntary darkening and tenderization under whose spell Europe seems threatened by a new Buddhism;

Eins im Glauben an die Moral des gemeinsamen
Mitleidens, wie als ob sie die Moral an sich sei, als
die Höhe, die erreichte Höhe des Menschen, die
alleinige Hoffnung der Zukunft, das Trostmittel der
Gegenwärtigen, die grosse Ablösung aller Schuld von
Ehedem:

35.19

one in the belief in the morality of common compassion, as
if it were morality itself, as the height, the attained height
of man, the sole hope of the future, the consolation of the
present, the great redemption of all guilt from the past:

– Eins allesammt im Glauben an die Gemeinschaft als
die Erlöserin, an die Heerde also, an sich …

35.20

– One all together in the faith in the community as the
Redeemer, in the earth therefore, in itself …

— 203 —

Wir, die wir eines andren Glaubens sind – ,

37.1

We, who are of a different faith –

wir, denen die demokratische Bewegung nicht bloss
als eine Verfalls-Form der politischen Organisation,
sondern als Verfalls-, nämlich Verkleinerungs-Form
des Menschen gilt, als seine Vermittelmässigung und
Werth-Erniedrigung:

37.2

we, to whom the democratic movement is regarded not
merely as a decaying form of political organization, but
as a decaying, namely a diminishing form of man, as his
mediocrity and degradation of value:

wohin müssen wir mit unsren Hoffnungen greifen?

37.3

where must we reach with our hopes?

37.4 – Nach neuen Philosophen, es bleibt keine Wahl;

– For new philosophers, there is no choice;

37.5 nach Geistern, stark und ursprünglich genug, um die Anstösse zu entgegengesetzten Werthschätzungen zu geben und »ewige Werthe« umzuwerthen, umzukehren;

for spirits, strong and original enough to give the impetus to opposing assessments of value and to revaluate, to reverse "eternal values";

37.6 nach Vorausgesandten, nach Menschen der Zukunft, welche in der Gegenwart den Zwang und Knoten anknüpfen, der den Willen von Jahrtausenden auf neue Bahnen zwingt.

for those sent beforehand, for people of the future, who tie the compulsion and knot in the present that forces the will of millennia onto new paths.

37.7 Dem Menschen die Zukunft des Menschen als seinen Willen, als abhängig von einem Menschen-Willen zu lehren und grosse Wagnisse und Gesammt-Versuche von Zucht und Züchtung vorzubereiten, um damit jener schauerlichen Herrschaft des Unsinns und Zufalls, die bisher

To teach man the future of man as his will, as dependent on the will of man, and to prepare great ventures and collective attempts at breeding and cultivation in order to put an end to that dreadful reign of nonsense and chance that has been called

37.8 »Geschichte« hiess, ein Ende zu machen – der Unsinn der

"history" hitherto – the nonsense of the

37.9 »grössten Zahl« ist nur seine letzte Form – :

"greatest number" is only its last form – :

dazu wird irgendwann einmal eine neue Art von
Philosophen und Befehlshabern nöthig sein, an
deren Bilde sich Alles, was auf Erden an verborgenen,
furchtbaren und wohlwollenden Geistern dagewesen
ist, blass und verzwergt ausnehmen möchte.

37.10

at some point a new kind of philosopher and commander
will be needed, in whose image all the hidden, terrible and
benevolent spirits that have existed on earth will look pale
and dwarfed.

Das Bild solcher Führer ist es, das vor unsern Augen
schwebt:

37.11

It is the image of such leaders that hovers before our eyes:

– darf ich es laut sagen, ihr freien Geister?

37.12

– may I say it aloud, you free spirits?

Die Umstände, welche man zu ihrer Entstehung
theils schaffen, theils ausnützen müsste;

37.13

The circumstances which would have to be partly created
and partly utilized for their emergence;

die muthmaasslichen Wege und Proben, vermöge
deren eine Seele zu einer solchen Höhe und Gewalt
aufwüchse, um den Zwang zu diesen Aufgaben zu
empfinden;

37.14

the courageous ways and trials by means of which a soul
would grow to such a height and power in order to feel the
compulsion for these tasks;

eine Umwerthung der Werthe, unter deren neuem
Druck und Hammer ein Gewissen gestählt, ein Herz
in Erz verwandelt würde, dass es das Gewicht einer
solchen Verantwortlichkeit ertrüge;

37.15

a re-evaluation of values, under whose new pressure
and hammer a conscience would be steeled, a heart
transformed into ore, so that it could bear the weight of
such responsibility;

322

37.16 **andererseits die Nothwendigkeit solcher Führer, die erschreckliche Gefahr, dass sie ausbleiben oder missrathen und entarten könnten –**

on the other hand, the necessity of such guides, the frightening danger that they might fail to appear or that they might misadvise and degenerate –

37.17 **das sind unsre eigentlichen Sorgen und Verdüsterungen, ihr wisst es, ihr freien Geister?**

these are our real worries and obscurations, you know it, you free spirits?

37.18 **das sind die schweren fernen Gedanken und Gewitter, welche über den Himmel unseres Lebens hingehn.**

These are the heavy distant thoughts and storms that pass over the sky of our lives.

37.19 **Es giebt wenig so empfindliche Schmerzen, als einmal gesehn, errathen, mitgefühlt zu haben, wie ein ausserordentlicher Mensch aus seiner Bahn gerieth und entartete:**

There are few things so painful as to have once seen, guessed, felt how an extraordinary man has gone astray and degenerated:

37.20 **wer aber das seltene Auge für die Gesammt-Gefahr hat, dass**

but whoever has the rare eye for the overall danger that

37.21 **»der Mensch«**

"man"

selbst entartet, wer, gleich uns, die ungeheuerliche
Zufälligkeit erkannt hat, welche bisher in Hinsicht
auf die Zukunft des Menschen ihr Spiel spielte –

37.22

himself will degenerate, whoever, like us, has recognized
the monstrous coincidence that has so far played its game
with regard to the future of man –

ein Spiel, an dem keine Hand und nicht einmal ein

37.23

a game in which no hand and not even a

»Finger Gottes« mitspielte!

37.24

"finger of God" has played a part!

– wer das Verhängniss, erräth, das in
der blödsinnigen Arglosigkeit und
Vertrauensseligkeit der

37.25

– Anyone who recognizes the doom that lies hidden in the
stupid guilelessness and trustfulness of

»modernen Ideen«,

37.26

"modern ideas",

noch mehr in der ganzen christlich-europäischen
Moral verborgen liegt:

37.27

and even more so in the whole of Christian-European
morality:

der leidet an einer Beängstigung, mit der sich keine
andere vergleichen lässt, –

37.28

he suffers from an anxiety to which no other can be
compared, –

37.29 er fasst es ja mit Einem Blicke, was Alles noch, bei einer günstigen Ansammlung und Steigerung von Kräften und Aufgaben, aus dem Menschen zu züchten wäre, er weiss es mit allem Wissen seines Gewissens, wie der Mensch noch unausgeschöpft für die grössten Möglichkeiten ist, und wie oft schon der Typus Mensch an geheimnissvollen Entscheidungen und neuen Wegen gestanden hat:

he grasps at a glance all that could still be bred out of man, with a favorable accumulation and increase of powers and tasks, he knows with all the knowledge of his conscience how man is still unexhausted for the greatest possibilities, and how often the type of man has already stood at mysterious decisions and new paths:

37.30 – er weiss es noch besser, aus seiner schmerzlichsten Erinnerung, an was für erbärmlichen Dingen ein Werdendes höchsten Ranges bisher gewöhnlich zerbrach, abbrach, absank, erbärmlich ward.

– he knows even better, from his most painful memory, what wretched things a becoming of the highest rank has usually broken down, broken off, sunk, become wretched.

37.31 Die Gesammt-Entartung des Menschen, hinab bis zu dem, was heute den socialistischen Tölpeln und Flachköpfen als ihr

The total degeneration of man, down to what to today's socialist dolts and flatheads as their

37.32 »Mensch der Zukunft« erscheint, – als ihr Ideal!

"man of the future" appears – as their ideal!

37.33 – diese Entartung und Verkleinerung des Menschen zum vollkommenen Heerdenthiere (oder, wie sie sagen, zum Menschen der

– This degeneration and diminution of man into the perfect herd animal (or, as they say, into the man of

»freien Gesellschaft«), diese Verthierung des   37.34
Menschen zum Zwergthiere der gleichen Rechte
und Ansprüche ist möglich, es ist kein Zweifel!

"free society"), this ethnization of man into a dwarf animal
of equal rights and claims is possible, there is no doubt
about it!

Wer diese Möglichkeit einmal bis zu Ende gedacht   37.35
hat, kennt einen Ekel mehr, als die übrigen
Menschen, –

Whoever has thought this possibility through to the end
knows one more disgust than the rest of mankind, –

und vielleicht auch eine neue Aufgabe! ...   37.36

and perhaps also a new task! ...

Möwenstein Books

www.mowenstein.com

Renowned Authors

H. G. Wells · Ernest Hemingway
H. P. Lovecraft · Lewis Carroll
Franz Kafka · Friedrich Nietzsche
Albert Einstein · Oscar Wilde
Hans Christian Andersen

Notable Works

Frankenstein · *Alice in Wonderland*
Heart of Darkness · *The Great Gatsby*
Siddhartha · *The Metamorphosis*
Thus Spoke Zarathustra

Translation Services

We offer translation services in various languages, including German, Spanish, Chinese, Korean, Arabic, and more. For custom translations or revisions, please contact us at:

Email: translation@mowenstein.com

Our Collections

Franz Kafka Collection

- *The Metamorphosis / Die Verwandlung*
- *The Trial / Der Prozess*
- *The Castle / Das Schloss*
- *and many more...*

Pakt mit dem Teufel

- *Faust Parts I & II* by Johann Wolfgang von Goethe
- *Doctor Faustus* by Christopher Marlowe

Portraits of Irishmen

- *The Picture of Dorian Gray* by Oscar Wilde
- *A Portrait of the Artist as a Young Man* by James Joyce

Children's Classics

- *Winnie-the-Pooh / Pu der Bär*
- *Brothers Grimm Fairy Tales*
- *Fairy Tales Told for Children*
    - Author: Hans Christian Andersen

Visit Us

At Möwenstein Books, we are committed to providing high-quality bilingual editions of classic works. Explore our collections and discover more titles across various genres and languages.

Website: www.mowenstein.com